Mac, iMac et MacBook

Y A PAS PLUS SIMPLE

Paul Durand Degranges

FIRST Interactive

Mac, iMac et MacBook – Y a pas plus simple !

© Éditions First, un département d'Édi8, Paris, 2016
12, avenue d'Italie
75013 Paris – France
Tél. 01 44 16 09 00
Fax 01 44 16 09 01
Courriel : firstinfo@efirst.com
Internet : www.editionsfirst.fr

ISBN : 978-2-7540-8350-8
Dépôt légal : février 2016
Imprimé en France

Mise en page : Catherine Kédémos

Limites de responsabilité et de garantie. L'auteur et l'éditeur de cet ouvrage ont consacré tous leurs efforts à préparer ce livre. Édi8 et les auteurs déclinent toute responsabilité concernant la fiabilité ou l'exhaustivité du contenu de cet ouvrage. Ils n'assument pas de responsabilités pour ses qualités d'adaptation à quelque objectif que ce soit, et ne pourront être en aucun cas tenus responsables pour quelque perte, profit ou autre dommage commercial que ce soit, notamment mais pas exclusivement particulier, accessoire, conséquent, ou autres.

Marques déposées. Toutes les informations connues ont été communiquées sur les marques déposées pour les produits, services et sociétés mentionnés dans cet ouvrage. Édi8 décline toute responsabilité quant à l'exhaustivité et à l'interprétation des informations. Tous les autres noms de marques et de produits utilisés dans cet ouvrage sont des marques déposées ou des appellations commerciales de leur propriétaire respectif. Édi8 n'est liée à aucun produit ou vendeur mentionné dans ce livre.

Table des matières

Chapitre

1 Achetez et installez votre Mac 15

Affichez les Préférences Système 16

Ordinateurs de bureau 16

Ordinateurs portables 17

Achetez des logiciels complémentaires 18

Achetez une imprimante 19

Choisissez votre imprimante 20

Les accessoires à prévoir 21

La connexion à Internet 23

Effectuez l'achat 23

Achetez sur l'Apple Store 24

Déballez et installez le Mac 28

Démarrez le Mac 29

Arrêtez le Mac 30

Chapitre

2 Découvrez votre Bureau 33

Découvrez les éléments du Bureau 34

Les éléments du Bureau 34

Découvrez les éléments du Dock 35

Les icônes du Finder 35

Découvrez le fonctionnement des menus 37

Manipulez les menus 38

Utilisez la souris 40

Domptez votre souris 41

Utilisez le trackpad 42

Utilisez le clavier 43

Touches de fonctions 44

Majuscules accentuées 45

Découvrez le Finder 47

Ouvrez une fenêtre du Finder et démarrez un programme 50

Chapitre 3 Manipulez les fichiers 55

Enregistrez un document 56

Enregistrez le fichier 56

Revenez à une version précédente 58

Imprimez un document 60

Imprimez votre document 60

Effectuez une recherche sur votre ordinateur 62

Recherchez un élément avec Spotlight 62

Recherchez dans une fenêtre du Finder 64

Manipulez les fichiers 65

Créez un dossier 65

Copiez un fichier 66

Déplacez un fichier 68

Supprimez des fichiers 69

Supprimez un fichier 69

Videz la Corbeille 70

Chapitre 4 Naviguez sur le Web 73

Un petit tour en Safari ? 74

Démarrez et quittez Safari 74

Découvrez l'interface de Safari 75

Effectuez une recherche 77

Recherchez des pages Web 77

Saisissez une adresse Web 79

Saisissez une adresse de page Web 79

Utilisez le bouton Lecteur 81

Affichez un moteur de recherche 82

Effectuez une recherche avec Google 83

Suivez les liens dans une page Web 84

Suivez un lien 84

Affichez les pages précédentes et suivantes 85

Naviguez de page en page 86

Ouvrez une page dans un onglet 87

Ouvrez une page Web dans un onglet ou une nouvelle fenêtre 88

Créez un nouvel onglet 88

Parcourez les onglets 89

Gérez les signets 90
- Manipulez les signets 90
- Ajoutez un signet 91
- Affichez un signet 93
- Changez la page d'accueil 94

Réglez Safari à votre convenance 95

Chapitre 5 Échangez du courriel avec Mail 97

Découvrez la messagerie du Mac 98
- Découvrez la fenêtre de Mail 98

Configurez votre compte de messagerie 99
- Configurez un compte 99
- Gérez vos comptes de messagerie 102

Envoyez un message 104
- Créez et envoyez un message 104

Relevez le courrier 107
- Relevez manuellement votre courrier 107
- Réglez la manière dont Mail relève le courrier 108

Lisez votre courriel 109

Lisez une pièce jointe 110
- Ouvrez ou enregistrez une pièce jointe 110
- Supprimez des messages 112
- Supprimez les pièces jointes 114

Sécurisez le courriel 114

Activez le filtre Courrier indésirable 114

Répondez à un courriel 116

Transférez un message 117

Joignez un fichier 119

Chapitre 6

Communiquez en instantané et en images 121

Démarrez Messages 122

Créez un compte de messagerie instantanée ... 123

Ajoutez un compte de messagerie instantanée 125

Changez d'état 127

Choisissez votre état 128

Ajoutez et gérez des contacts 129

Créez et gérez des groupes de contacts 131

Établissez une conversation texte 132

Répondez à un contact 134

Démarrez une conversation audio ou vidéo 135

Envoyez des iMessages 136

FaceTime 138

Indiquez votre identifiant Apple 138

Appelez un contact 139

Chapitre 7 Organisez-vous avec votre Mac 143

Démarrez Calendrier 144

Créez et utilisez un calendrier 144

Créez et utilisez un calendrier 144

Naviguez dans Calendrier 145

Créez un groupe de calendriers 146

Ajoutez un événement dans le calendrier 147

Imprimez des calendriers et des listes de tâches 150

Utilisez Contacts 151

Ajoutez des contacts 151

Créez des notes 154

Créez des rappels 155

Chapitre 8 Profitez de vos photos numériques 159

Découvrez Photo 160

Importez des photos avec Photos 160

Orientez vos photos 164

Supprimez des photos 165

Classez les photos à l'aide de mots-clés 165

Placez une photo dans les favoris 167

Triez les photos avec Visages 168

Nommez un visage 168

Ajoutez un visage manquant 170
Confirmez le nom des visages 170
Triez les photos avec Lieux 170
Indiquez le lieu de la photo 171
Créez des albums 172
Créez un album 172
Ajoutez des photos dans un album 173
Créez des albums intelligents 174
Affichez une photo en mode édition 174
Imprimez rapidement une photo 175
Utilisez Transfert d'images 176
Photo Booth 177

Chapitre

9 Lisez et créez des vidéos 179

Lisez un DVD vidéo 180
Lisez une vidéo avec QuickTime Player 180
Lisez un fichier vidéo 181
Enregistrez à l'aide de QuickTime 181
Utilisez iMovie pour créer des films 182
Importez à partir d'un Caméscope 183
Fusionnez et scindez des événements 184
Sélectionnez la vidéo source 185
Marquez une partie de la vidéo comme favorite ou à supprimer 186
Créez un film iMovie 187
Créez le film 187

Visualisez le projet en cours de création 189

Ajoutez un titre 189

Modifiez un titre 191

Ajoutez des effets sonores au projet 191

Publiez la vidéo sur YouTube 194

Chapitre 10

Profitez de la musique sur votre Mac 195

Démarrez et configurez iTunes 196

Écoutez un CD 196

Importez de la musique d'un CD audio 198

Importez tout ou partie d'un CD 198

Créez des listes de lecture 200

Effectuez des achats sur l'iTunes Store 200

Achetez sur l'iTunes Store 202

Chapitre 11

Personnalisez votre Mac 205

Affichez les Préférences Système 206

Modifiez le fond d'écran avec un fond fixe 207

Utilisez l'économiseur d'écran 210

Activez l'économiseur d'écran 210

Gérez la consommation d'énergie 211

Réglez la mise en veille 212

Gérez les comptes d'utilisateurs 213

Ajoutez un compte d'utilisateur 213

Personnalisez le Dock 215

Personnalisez le Dock.. 215

Ajoutez une icône au Dock................................ 216

Chapitre 12 Maintenez et dépannez votre Mac 219

Organisez votre Bureau 220

Désinstallez les applications inutilisées............ 220

Configurez la mise à jour automatique 222

Configurez la mise à jour automatique............. 222

Supprimez les éléments d'ouverture inutiles.... 224

Utilisez Time Machine.. 225

Configurez Time Machine 225

Restaurez des fichiers à l'aide de Time Machine 226

Forcez la fermeture d'une application bloquée.. 227

Index 229

Présentation

C'est fait, vous avez décidé de passer au Mac. Vous allez voir, c'est très simple et je vais vous accompagner dans la découverte et la prise en main de votre nouvel ordinateur. Vous n'avez jamais possédé d'ordinateur et vous n'y connaissez rien ? Pas de souci, j'ai conçu les chapitres de cet ouvrage pour que vous puissiez progresser rapidement, en commençant par choisir le modèle de Mac qui vous convient. Vous connaissez déjà les ordinateurs et vous venez du monde Windows, les premiers chapitres vous permettront également de choisir un ordinateur et de découvrir les différences de manipulation entre Windows et un Mac.

Douze chapitres pour une prise en main réussie

Comme je viens de vous l'indiquer, j'ai conçu les douze chapitres de cet ouvrage de façon à ce que vous preniez en main votre ordinateur.

Au chapitre 1, je vais vous présenter les différents modèles de Mac ainsi que les éléments auxquels vous devez penser lors de l'achat, et je vous expliquerai comment démarrer l'ordinateur. Au chapitre 2, je vous inviterai à découvrir pour la première fois ce qui va être votre nouveau Bureau. Si vous ne savez pas comment manipuler le clavier et la souris, j'en profiterai pour vous expliquer tout ce que vous devez savoir. Le chapitre 3 vous initiera quant à lui à la manipulation des fichiers. Le Mac est tellement simple que, dès le chapitre 4, vous allez pouvoir embarquer pour le Web ! Aux chapitres 5 et 6, vous resterez connecté et découvrirez les outils de communication que sont la messagerie électronique, la messagerie instantanée ainsi que la téléphonie/visiophonie sur Internet. Au chapitre 7, vous apprendrez à gérer vos contacts et votre agenda grâce à deux programmes livrés avec votre ordinateur : Contacts et Calendrier. Au chapitre 8, je vous montrerai comment utiliser Photos pour gérer vos photos numériques et les partager avec vos proches. Au chapitre 9, vous verrez comment lire des DVD vidéo, mais aussi comment créer vos propres vidéos. Au chapitre 10, je vous apprendrai à utiliser votre ordinateur pour écouter de la musique et, si vous possédez des CD audio, vous pourrez les transférer sur votre ordinateur et les ranger au fond d'un placard. Au chapitre 11, vous allez personnaliser votre ordinateur, par exemple, en plaçant une de vos photos comme fond d'écran. Au chapitre 12, je vous donnerai quelques conseils pour effectuer la maintenance de votre ordinateur, comme installer et désinstaller des programmes. Et, comme il vaut mieux être prudent, je vous donnerai quelques rudiments pour pouvoir dépanner votre Mac.

Des rubriques pour progresser et pour vous guider

Pour que vous puissiez vous repérer facilement dans ce livre, les noms de commandes sont inscrits en gras. Mais surtout, vous retrouverez au fil des pages les trois rubriques suivantes :

Y a pas plus pratique !

Des procédures détaillées étape par étape et illustrées pour apprendre à réaliser une opération avec votre ordinateur.

Y a pas plus clair !

Des définitions claires pour comprendre les mots nouveaux, introduits quelques lignes auparavant.

Y a pas plus malin !

Des astuces pour aller encore plus loin et maîtriser votre ordinateur.

J'espère que vous prendrez du plaisir à la lecture de cet ouvrage, mais aussi à l'utilisation de votre ordinateur. Bien entendu, vous ne trouverez pas toutes les réponses à vos questions dans ce livre, je vous donne les bases essentielles pour que vous poursuiviez vous-même la découverte de votre Mac et d'OS X. Lorsque vous aurez appris à vous servir du courrier électronique, vous pourrez toujours me contacter à l'adresse paulduranddegranges@orange.fr. N'hésitez pas à me poser vos questions ou à me faire part de votre prise en main de l'ordinateur.

Bonne lecture !

Chapitre 1

Achetez et installez votre Mac

Vous avez décidé de vous équiper d'un Mac. Ce chapitre détaille les différentes étapes de l'achat à l'installation. Il n'y a rien de très théorique, rien de très compliqué. Il en est ainsi dans l'univers du Mac, rien n'est complexe.

Dans un premier temps, je présente rapidement les différents modèles de Mac existants, puis je vous parlerai des achats complémentaires que vous pouvez effectuer : des logiciels pour réaliser certaines tâches sur l'ordinateur, ou du matériel, par exemple une imprimante.

Une fois que vous aurez réalisé votre achat, vous installerez votre matériel. Je ne vous détaillerai pas l'installation de tous les modèles, mais je vous indiquerai les étapes essentielles de l'installation, puis celles du premier démarrage.

- Les différents modèles de Mac
- Achetez des logiciels complémentaires
- Achetez une imprimante
- Les accessoires à prévoir
- La connexion à Internet
- Effectuez l'achat
- Déballez et installez votre Mac
- Démarrez le Mac
- Arrêtez le Mac

Affichez les Préférences Système

Pour simplifier, on peut diviser la gamme des Mac en deux catégories : les ordinateurs de bureau et les ordinateurs portables.

Y a pas plus pratique !

Ordinateurs de bureau

- **Mac mini.** Il s'agit du modèle d'ordinateur de bureau le moins cher. Au départ, il est destiné aux *switchers*, c'est-à-dire aux utilisateurs de PC qui souhaitent passer au Mac. Il est vendu sans clavier, sans souris et sans moniteur puisque l'idée était que les personnes venant du monde du PC puissent récupérer ces éléments de leur ancien ordinateur. Si vous ne possédez pas ces éléments, vous avez la possibilité de les acheter en même temps que votre Mac mini, mais cela augmentera la facture.

- **iMac.** L'iMac est composé d'un écran plat auquel se connecte le câble d'alimentation et éventuellement des accessoires (imprimante, Internet, *etc.*). Un clavier et une souris sans fil sont fournis par défaut, mais si vous préférez les modèles filaires, c'est le même tarif. Vous pouvez aussi remplacer la souris par un Magic Trackpad (l'équivalent du pavé d'un ordinateur portable). Notez que l'iMac n'intègre pas de lecteur de CD/DVD. Vous devez acheter un lecteur externe si vous souhaitez utiliser de tels supports.

Il existe aussi un modèle d'iMac avec écran 5k, c'est-à-dire avec une définition supérieure à la définition des téléviseurs haut de gamme et des caméras les plus performantes qui utilisent une définition de 4k. Ce modèle d'iMac est destiné aux personnes qui ont besoin d'un écran avec une définition importante pour retravailler des photos ou monter des vidéos, par exemple.

- **Mac Pro.** Le Mac Pro est un ordinateur extrêmement performant auquel il est facile d'ajouter des extensions. L'achat d'un tel ordinateur pour naviguer sur Internet, gérer son courrier et effectuer quelques tâches multimédias de base serait totalement déplacé. En revanche, si vous souhaitez vous lancer dans la manipulation avancée de photos numériques ou dans le montage vidéo en ayant suffisamment de puissance pour travailler avec beaucoup de fluidité et de confort, le Mac Pro est l'ordinateur idéal. L'ordinateur n'est pas intégré dans un écran (d'ailleurs, ce dernier n'est pas livré en standard), mais il se présente sous la forme d'une sorte de « tour » que vous pouvez placer sous le bureau.

Y a pas plus pratique !

Ordinateurs portables

- **MacBook.** Le MacBook est un portable extrêmement léger et compact. Il est équipé d'un écran Retina de 12 pouces et il a été conçu pour offrir un clavier confortable malgré sa petite taille. Sa batterie offre, d'après Apple, 9 heures d'autonomie.

- **MacBook Air.** Le MacBook Air est un portable extrêmement léger et particulièrement fin. Pour cela, il n'intègre pas de lecteur optique (CD/DVD). Il existe deux tailles d'écran : 11 pouces et 13 pouces. En ce qui concerne la batterie, Apple annonce une durée d'utilisation de 9 heures pour le modèle 11 pouces et de 12 heures pour le modèle 13 pouces.

- **MacBook Pro.** La gamme MacBook Pro offre trois types d'écrans : 13 pouces, 13 pouces Retina et 15 pouces Retina.

Achetez des logiciels complémentaires

Votre Mac est équipé de logiciels qui vous permettent d'effectuer certaines tâches, entre autres, naviguer sur le Web, gérer votre courrier électronique, stocker et regarder vos photos numériques, monter des films ou écouter de la musique. Si vous souhaitez utiliser votre Mac pour des tâches de bureautique (créer des courriers papier, des bulletins d'informations ou effectuer des calculs à l'aide d'un tableur), vous serez obligé d'installer un logiciel complémentaire, qui peut être gratuit ou non selon ce que vous choisissez. Vous pouvez acheter certains programmes en même temps que votre ordinateur. Toutefois, avec le système de l'App Store, vous choisissez et installez les programmes directement à partir de votre ordinateur (et d'une connexion à Internet). Si vous connaissez l'App Store de l'iPhone, le principe est identique.

Y a pas plus clair !

App Store

L'App Store est la boutique en ligne d'Apple sur laquelle vous pouvez télécharger des logiciels (certains sont gratuits, d'autres payants).

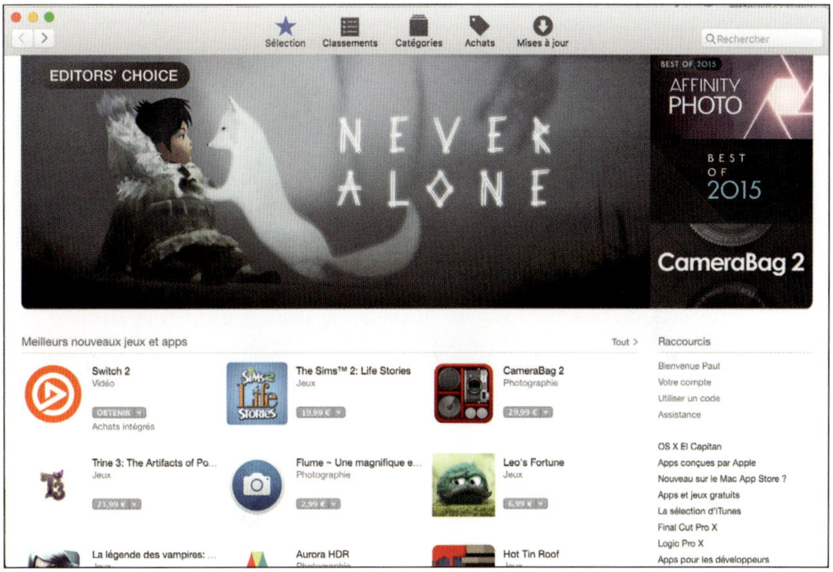

Achetez une imprimante

Si vous n'achetez pas d'imprimante en même temps que votre ordinateur, il y a fort à parier que vous n'attendrez pas très longtemps avant d'en faire l'acquisition. Généralement, vous opterez pour une imprimante couleur à jet d'encre qui permet l'impression de documents et de photos. Sachez qu'il existe des imprimantes multifonctions qui vous permettent de scanner des documents sur votre Mac ou d'utiliser l'imprimante en tant que photocopieur (et parfois comme télécopieur).

Y a pas plus clair !

Imprimantes à jet d'encre ou laser

Généralement, vous choisirez une imprimante à jet d'encre qui est une technologie abordable et fiable. Ce modèle d'imprimante permet également d'imprimer des photographies de bonne qualité. Les imprimantes laser (noir et blanc ou couleur) utilisent une technologie semblable à celle utilisée par les photocopieurs. Cela permet d'obtenir de grandes vitesses d'impression et une fiabilité pour l'impression de forts volumes mensuels. Les prix des imprimantes laser d'entrée de gamme restent élevés. C'est un type d'imprimante à réserver pour les indépendants ou les TPE. Notez que très souvent les imprimantes sont vendues avec des cartouches (d'encre ou de toner) de démarrage, c'est-à-dire faiblement remplies. Vous devez acheter rapidement de nouvelles cartouches et selon les modèles, vous pouvez en avoir pour plus cher que l'imprimante elle-même.

Y a pas plus pratique !

Choisissez votre imprimante

1. Optez pour le type de modèle : imprimante simple ou multifonction.
2. Définissez le nombre d'impressions que vous allez faire chaque mois (est-ce pour un usage personnel, pour une TPE ou une association ?). Allez-vous imprimer des photos occasionnellement ou très souvent ? En fonction de ces critères, vous vous orienterez vers une imprimante d'entrée de gamme ou vers une imprimante plus solide.
3. Si vous avez la possibilité d'accéder à Internet, consultez les sites de fabricants (HP, Epson, Canon) pour comparer les différents modèles. Si vous n'avez pas accès à Internet, rendez-vous dans un magasin d'informatique (ou le rayon informatique d'une grande enseigne) et demandez à un vendeur de vous orienter en fonction de vos besoins.
4. N'oubliez pas l'élément essentiel avant d'acheter votre imprimante : vérifiez qu'elle est compatible avec votre Mac.

Les accessoires à prévoir

Lors de votre achat, vous aurez peut-être à prévoir l'achat de quelques accessoires. Certains peuvent être indispensables au moment de l'achat, d'autres peuvent attendre que votre budget le permette.

Parmi les accessoires indispensables, je place l'écran, le clavier et la souris, si ce matériel n'est pas fourni avec le modèle choisi, et si vous n'en possédez pas déjà. Si vous avez choisi un portable, vous pouvez aussi faire l'acquisition d'une souris, voire d'un clavier, pour plus de confort. Le câble de connexion entre l'ordinateur et l'imprimante n'est généralement pas fourni, vérifiez cela avec le vendeur.

Viennent ensuite les éléments très utiles, mais qui peuvent attendre :

- **Disque dur externe** : même si les Mac sont fiables, vous n'êtes pas à l'abri d'un problème quelconque. Pour ne pas perdre les données contenues sur votre ordinateur, il est essentiel d'en posséder une copie de sauvegarde. L'une des techniques consiste à les enregistrer sur un disque dur externe, tel Time Capsule commercialisé par Apple. Mac OS X se chargera d'effectuer cette sauvegarde régulièrement à l'aide de l'outil Time Machine. Vous avez aussi la possibilité d'acheter un disque dur externe d'une autre marque.

- **Lecteur de CD/DVD** : certains modèles de Mac ne sont pas équipés de lecteur (graveur) de CD/DVD. Si vous pensez avoir besoin d'un tel appareil, pour lire des CD audio, des DVD vidéo ou pour graver vos disques (pour conserver les documents importants, par exemple) vous devrez songer à acheter un graveur externe. Apple en propose un modèle.
- **Sacoche de transport** : si vous avez choisi un portable et si vous envisagez de vous déplacer régulièrement avec, il est préférable d'acheter une sacoche de transport spéciale pour ordinateur afin de le protéger des chocs.

Y a pas plus clair !

Disque dur externe

Un disque dur permet de stocker tous vos documents. Votre ordinateur est équipé d'un disque dur. Un disque dur externe se connecte à votre ordinateur avec un câble (ou sans câble pour le Time Capsule d'Apple) et permet d'enregistrer une copie de vos données.

Selon le modèle de Mac choisi, vous pouvez aussi souhaiter vous équiper de haut-parleurs stéréo externes ou d'une webcam. Pour tous les modèles, vous pouvez aussi acheter un casque micro si vous souhaitez converser avec vos proches à l'aide d'Internet. Notez qu'il est possible d'utiliser les casques avec micro que vous utilisez avec un iPhone.

Y a pas plus clair !

Webcam

Une webcam est une petite caméra intégrée à l'ordinateur ou que vous achetez séparément et qui vous permet de communiquer en images à votre correspondant lors de visiophonies. Cette webcam permet aussi de vous prendre en photo.

Vous pouvez également acheter la garantie Apple Care. Cette dernière permet de prolonger la garantie de votre ordinateur de deux ans, vous assurant ainsi trois années de tranquillité en cas de panne. Sachez que si vous habitez loin d'un centre de maintenance d'Apple, la société envoie chez vous un transporteur qui récupère votre matériel. Une fois réparé, le transporteur vous rapporte votre matériel. Tout cela pendant trois ans si vous optez pour l'Apple Care, ce que je vous conseille fortement.

Y a pas plus clair !

Apple Care

Vous n'êtes pas obligé de prendre l'extension de garantie Apple Care lors de l'achat de l'ordinateur, vous devez toutefois effectuer cet achat avant la fin de la période de garantie initiale de 12 mois.

La connexion à Internet

Dans cet ouvrage, je n'aborde pas la connexion à Internet. Bien entendu, vous devez en posséder une pour naviguer sur le Web ou communiquer avec vos proches, comme je le montre dans les chapitres 4 à 6. Plusieurs modes de connexion existent en fonction de votre lieu géographique : câble, fibre optique, ADSL ou modem. Renseignez-vous auprès d'un opérateur (Bouygues Télécom, SFR, Orange, *etc.*). Le fournisseur d'accès à Internet vous indique comment relier votre ordinateur au matériel nécessaire à la connexion. Il est souvent possible de payer un supplément pour profiter d'une installation à domicile si vous pensez ne pas pouvoir effectuer la connexion et si vous ne connaissez personne pouvant vous aider.

Effectuez l'achat

Je vous ai présenté les différents modèles de Mac et je vous ai indiqué quels sont les éléments que vous devez envisager d'acheter en même temps que votre ordinateur. Acheter un Mac est très simple. Si vous avez un accès à Internet et si acheter en ligne ne vous effraie pas, vous pouvez commander directement sur le site d'Apple. Si vous n'habitez pas une grande ville (ou à proximité), c'est sans doute la meilleure solution.

Y a pas plus malin !

Allez sur Internet

Vous n'avez pas encore d'ordinateur et je vous demande d'aller sur Internet effectuer un achat ? Bien entendu, pour réaliser cette opération, vous devez pouvoir utiliser l'ordinateur d'un de vos proches qui vous aidera à passer la commande. Si vous possédez déjà un ordinateur et que vous souhaitiez en changer, passer cette commande ne vous posera aucun problème.

Y a pas plus clair !

Payez sur Internet

N'ayez aucune crainte d'utiliser votre carte bancaire sur Internet dès lors que vous commandez sur des sites fiables, comme celui d'Apple (et bien d'autres que vous découvrirez). Les transactions sont sécurisées et il y a peu de risques que votre numéro de carte soit piraté.

Y a pas plus pratique !

Achetez sur l'Apple Store

1. Rendez-vous sur le site d'Apple en saisissant l'adresse `www.apple.fr`. Dans la partie supérieure, cliquez sur **Mac** pour afficher l'ensemble des ordinateurs Apple.

2. Les différents modèles d'ordinateurs s'affichent dans la partie supérieure. Cliquez sur le type d'ordinateur que vous souhaitez acheter. Si vous êtes étudiant ou travaillez dans l'Éducation nationale, des liens tout en bas de la page vous sont dédiés et vous

pourrez profiter ainsi de tarifs spéciaux. Vous trouverez aussi un lien vers des produits reconditionnés qui sont des produits Apple vendus avec une réduction et la même garantie qu'un produit neuf.

3. Une présentation de l'ordinateur choisi s'affiche. Pour effectuer l'achat, cliquez sur le bouton **Acheter.**

4 Les différentes configurations s'affichent. Vous voyez différentes tailles d'écrans ainsi que des équipements différents pour une même taille. Cliquez sur le bouton **Sélectionner du modèle qui vous intéresse.**

5 Dans la nouvelle page qui s'affiche, vous pouvez personnaliser l'équipement de votre ordinateur en changeant le processeur, par exemple. Lorsque vous avez terminé la configuration, cliquez sur le bouton **Ajouter**.

6 Dans la nouvelle page qui s'affiche, vous pouvez opter pour des produits supplémentaires, la garantie Apple Care, des accessoires, et même placer une imprimante dans votre panier. Si vous ajoutez

des options à votre achat, le tarif est automatiquement recalculé. Lorsque vous avez terminé, cliquez sur **Shopping Bag**.

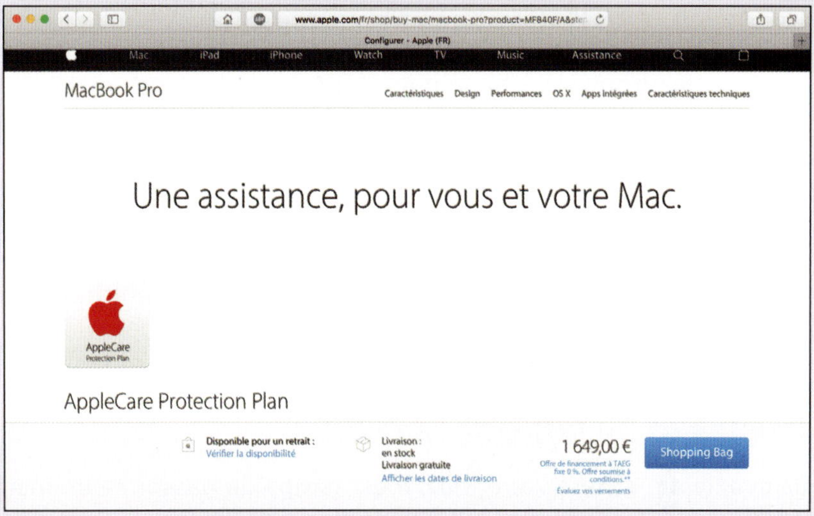

7 Une nouvelle page s'affiche et vous indique tous les éléments que vous avez ajoutés à votre panier. Si vous avez encore un peu d'argent à dépenser, vous trouverez quelques suggestions au bas de la page. À ce stade, vous pouvez continuer vos achats sur l'Apple Store (en visitant d'autres parties de la boutique), ou cliquer sur **Valider la commande** pour régler vos achats. Pour cela, vous devez créer un compte, puis suivre les instructions de paiement (par carte bancaire, par virement ou par chèque). Si vous le souhaitez, vous pouvez aussi demander un financement. Le délai de livraison est indiqué au moment de l'achat.

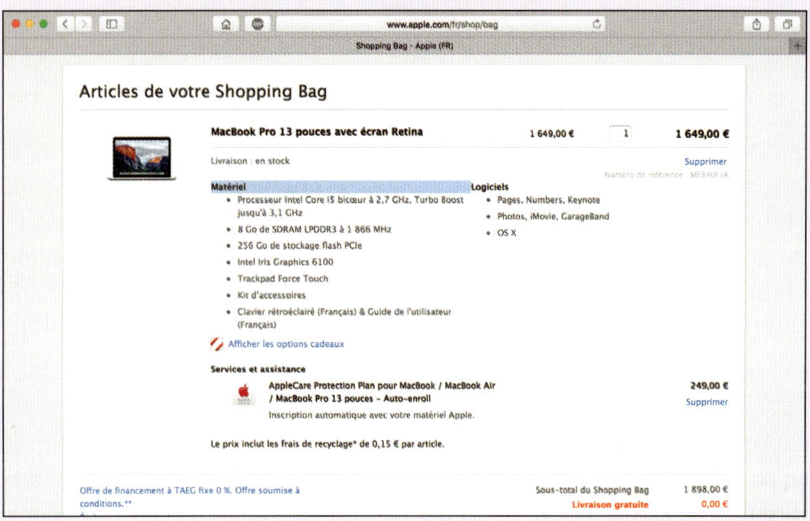

Y a pas plus malin !

Achetez dans une boutique classique

Vous trouvez facilement des Mac en vente dans les rayons de super/hypermarchés et dans les boutiques spécialisées. L'avantage des boutiques classiques, c'est que vous pouvez voir les modèles et les toucher afin de choisir plus facilement. L'inconvénient, c'est que vous ne pouvez pas personnaliser votre achat comme sur l'Apple Store. Si les modèles de base vous conviennent, vous pouvez acheter dans une boutique classique, sinon, faites votre choix en testant les modèles, puis allez sur l'Apple Store en ligne.

Déballez et installez le Mac

Vous avez enfin acheté votre Mac, il est temps de passer à son installation. Il n'est pas possible de décrire la manière d'installer chaque modèle d'ordinateur commercialisé par Apple. Le mieux est de vous reporter au manuel d'utilisation fourni avec votre matériel, les instructions sont claires et l'installation n'est vraiment pas compliquée.

La mise en route peut être très rapide si votre ordinateur est un iMac ou un portable, puisqu'il vous suffit de le connecter à une prise secteur. En revanche, avec un Mac mini ou un Mac Pro, vous devrez brancher le câble d'alimentation secteur, le moniteur ainsi que le clavier, à moins que vous ayez opté pour la version sans fil d'Apple. Si vous possédez un ensemble clavier-souris sans fil autre qu'Apple et qui utilise une clé USB, vous devrez insérer cette dernière dans un port USB de l'ordinateur.

Si vous avez acheté des accessoires, par exemple, une imprimante ou un disque dur externe, attendez d'avoir effectué le premier démarrage de votre ordinateur pour les installer. Là encore, il n'est pas possible de décrire chacune des installations. Reportez-vous au manuel fourni avec l'accessoire à installer.

Démarrez le Mac

Une fois que votre ordinateur est installé, il vous suffit d'appuyer sur le bouton de mise en service. Ici encore, il convient de consulter le manuel de votre Mac pour repérer cet interrupteur si vous ne le voyez pas. Une fois que vous aurez trouvé le bouton magique, l'ordinateur émettra un son, caractéristique des Mac, et l'écran affichera le logo de la firme pendant quelques secondes.

Y a pas plus malin !

Premier démarrage de l'ordinateur

Lorsque vous démarrez l'ordinateur pour la première fois, un assistant s'affiche et vous demande de saisir une série d'informations pour configurer votre ordinateur et créer votre compte d'utilisateur. Après avoir effectué un choix dans un écran, vous passez à l'écran suivant en cliquant sur **Continuer**. Si vous avez un doute sur vos réponses précédentes, vous pouvez retourner aux écrans précédents en cliquant sur **Revenir**.

Au premier démarrage, vous répondez à une série de questions afin de configurer votre Mac et de créer votre compte d'utilisateur. Lors des démarrages suivants, vous n'aurez évidemment plus à refaire cette configuration et deux cas de figure pourront se présenter au démarrage :

- Vous arrivez directement sur le Bureau et vous pouvez travailler. Mac OS X se sert de votre compte d'utilisateur.
- Vous arrivez sur le choix d'un utilisateur et vous devez saisir votre mot de passe. Cela se produit si l'ouverture de session est désactivée, ce qui est utile lorsque vous êtes plusieurs utilisateurs pour l'ordinateur. Pour plus d'informations sur la création d'un compte d'utilisateur et sur l'ouverture de session, consultez le chapitre 11.

Y a pas plus malin !

Utilisez la souris

Si vous possédez une souris Apple (Magic Mouse), celle-ci se compose d'une surface totalement lisse, sans bouton. Vous déplacez le curseur à l'écran en déplaçant la souris sur votre bureau (vous pouvez utiliser un tapis de souris) et vous cliquez en appuyant n'importe où sur la surface plane. Si vous possédez un portable (ou un Magic Trackpad) vous déplacez le pointeur de la souris en faisant glisser votre doigt sur la surface. Pour cliquer, vous appuyez n'importe où sur cette surface. Si vous avez déjà manipulé une souris et si vous connaissez le clic-droit, celui-ci n'existe pas par défaut sur le Mac. Pour effectuer un clic-droit (clic secondaire), vous appuyez sur la touche **Commande** en même temps que vous cliquez. Pour plus d'informations sur la souris, le trackpad et le clavier, consultez le chapitre 2.

Arrêtez le Mac

Pour éteindre l'ordinateur, utilisez votre souris pour ouvrir le menu Pomme (vous cliquez sur la Pomme, placée en haut à gauche de l'écran), et cliquez sur Éteindre. Dans la boîte de dialogue qui s'affiche, vous pouvez choisir de Rouvrir toutes les fenêtres de votre Bureau lors du prochain démarrage en laissant cette option cochée. Cliquez sur le bouton **Éteindre** pour arrêter votre ordinateur.

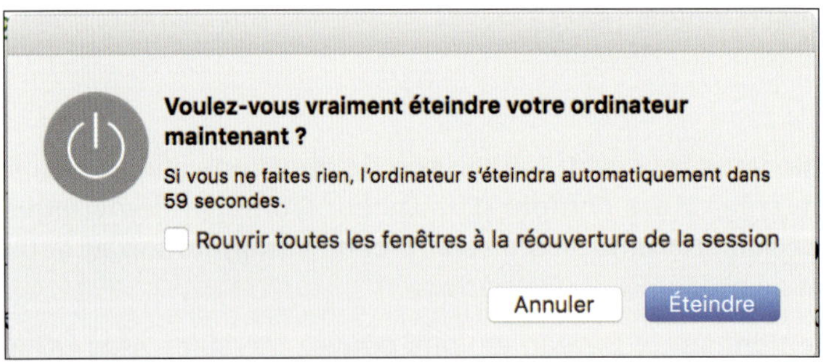

Y a pas plus malin !

Enregistrement des documents

Lorsque vous arrêtez votre ordinateur, si vous n'avez pas sauvegardé votre travail dans un programme, une boîte de dialogue peut s'afficher pour vous demander si vous souhaitez enregistrer les modifications. Dans cette boîte de dialogue, si vous cliquez sur **Annuler**, vous mettez fin à l'arrêt de l'ordinateur. Avec certains programmes, la sauvegarde automatique permet d'éviter l'affichage de la boîte de dialogue, même si vous n'avez pas enregistré votre travail.

Évitez à tout prix de mettre votre ordinateur hors circuit sans transiter par la commande Éteindre, sauf si vous ne pouvez vraiment pas faire autrement : l'écran se fige, le système plante, toute action devient impossible. N'oubliez pas qu'un ordinateur portable fonctionne avec des batteries. Il n'est pas possible de forcer son arrêt en débranchant l'adaptateur secteur. La seule solution consiste à appuyer sur le bouton marche/arrêt pendant quelques secondes.

Mettez l'ordinateur en veille

Si vous n'utilisez plus votre Mac pendant quelques heures, il n'est pas indispensable de l'éteindre. Contentez-vous de le mettre en veille. Pour cela, cliquez sur **Pomme → Suspendre l'activité**. La machine se met en veille, l'écran s'éteint et le voyant de mise sous tension clignote pour indiquer l'état de veille.

Sachez que votre Mac passera automatiquement en veille si vous ne l'utilisez pas pendant un moment. Vous en serez informé par un écran spécifique.

Fermez la session

Vous avez aussi la possibilité de fermer votre session et d'afficher l'écran permettant de choisir un utilisateur. Pour cela, cliquez sur **Pomme → Fermer la session (*votre nom*)**. Vous pouvez aussi utiliser l'équivalent clavier : **`Commande + Majuscule + Q`**.

Chapitre 2

Découvrez votre Bureau

Le Bureau est ce qui s'affiche lorsque vous démarrez votre ordinateur. Sur ce Bureau, vous trouvez différents éléments qui vous permettent d'ouvrir et de manipuler les programmes et les documents. C'est également sur le Bureau que se placent les fenêtres des programmes que vous utilisez. De plus, votre ordinateur vous permet d'utiliser plusieurs espaces, des Bureaux différents, afin d'organiser vos fenêtres.

Vous verrez ce dernier point à la fin de ce chapitre, mais avant d'y arriver, je vais vous indiquer les bases dans la manipulation des éléments du Bureau, des icônes, du clavier ou de la souris.

- Découvrez les éléments du Bureau et du Dock
- Découvrez le fonctionnement des menus
- Utilisez la souris, le trackpad et le clavier
- Découvrez le Finder
- Ouvrez l'icône d'un programme ou d'un document

Découvrez les éléments du Bureau

Le Bureau se compose de plusieurs éléments que vous allez apprendre à identifier.

Y a pas plus pratique !

Les éléments du Bureau

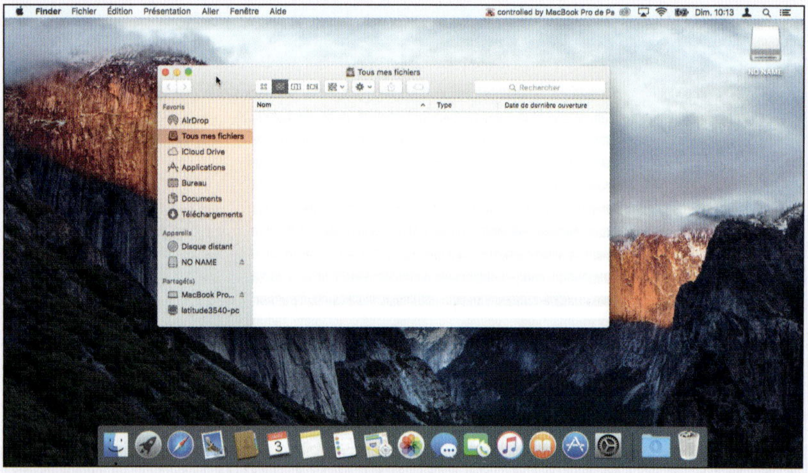

1 **Le Bureau à proprement parler.** Il s'agit de l'image qui s'affiche à l'arrière-plan de votre écran, la zone qui est recouverte par des icônes, le Dock et les éventuelles fenêtres ouvertes. Vous apprendrez à modifier cette image au chapitre 11.

2 **La barre des menus.** Les menus permettent d'accéder aux commandes avec lesquelles vous effectuez des actions. Vous aurez plus d'informations sur ces menus dans la section « Découvrez le fonctionnement des menus » de ce chapitre.

3 **Les fenêtres.** Les fenêtres sont des éléments qui s'affichent sur le Bureau et qui contiennent une série d'icônes ou qui proposent le contenu du programme que vous utilisez, par exemple, l'ensemble de vos courriels qui apparaissent dans le programme de messagerie.

4 **Les icônes.** Les icônes sont des éléments que vous pouvez ouvrir afin d'avoir accès à un document, un programme ou aux dossiers de votre disque dur. Vous pouvez déposer, très simplement, des icônes sur le Bureau. Le Bureau est alors un lieu de stockage assez pratique puisque vous avez directement sous les yeux les éléments que vous y placez. Attention toutefois à ne pas trop encombrer votre Bureau : vous devez pouvoir retrouver facilement les icônes. Dans la suite de ce chapitre et dans le suivant, je vous indique comment manipuler les icônes.

5 **Le Dock.** Le Dock permet d'accéder rapidement aux icônes les plus utilisées (par exemple, le navigateur Internet ou le logiciel de messagerie). Il vous épargne en effet d'ouvrir des fenêtres pour obtenir les icônes souhaitées. Il permet également de voir les fenêtres ou les programmes ouverts sur le Bureau et de basculer rapidement de l'un à l'autre. Consultez la prochaine section « Découvrez les éléments du Dock » pour plus d'informations.

Découvrez les éléments du Dock

Le Dock est la barre placée, par défaut, au bas de l'écran. Vous y trouvez une série d'icônes qui vous donnent accès aux applications que vous utilisez couramment. Lorsque vous ajouterez des programmes sur votre ordinateur, de nouvelles icônes pourront s'ajouter automatiquement. Vous pouvez vous aussi ajouter ou supprimer des icônes (je vous explique cela au chapitre 11). Dans l'immédiat, je vous présente les icônes essentielles que vous trouvez par défaut dans le Dock.

Y a pas plus pratique !

Les icônes du Finder

Voici une présentation des icônes de gauche à droite.

Finder. Vous utilisez le Finder pour travailler avec les fichiers de votre ordinateur, ce que vous allez voir dans la suite de ce chapitre.

Launchpad. Cette icône vous donne accès aux programmes installés sur votre ordinateur. Si vous possédez un iPhone ou un iPad, cela ressemble aux écrans avec les icônes d'applications.

Safari. Vous utilisez Safari pour naviguer sur le Web, comme je vous l'explique au chapitre 4.

Mail. Vous utilisez Mail pour envoyer et recevoir des courriels, comme je vous l'explique au chapitre 5.

Contacts. Vous utilisez Contacts pour stocker les noms, les adresses, les numéros de téléphone et d'autres informations sur vos contacts. Je vous indique comment gérer vos adresses au chapitre 7.

Calendrier. Vous utilisez Calendrier pour gérer vos rendez-vous à venir, les anniversaires, les réunions ou tout autre événement, comme je vous l'explique au chapitre 7.

Notes. Avec ce programme, vous pouvez saisir rapidement des notes.

Rappels. Créez des listes de choses dont il faut que vous vous rappeliez : liste de courses, liste de choses à faire, etc.

Plans. Affichez le plan de n'importe quel lieu et calculez un itinéraire.

Messages. Envoyer des messages à d'autres personnes utilisant cette application sur un Mac ou sur un iPhone/iPod.

FaceTime. Vous utilisez FaceTime pour converser en vidéophonie avec d'autres personnes utilisant un Mac, un iPhone/iPad/iPod touch. Pour plus d'informations, consultez le chapitre 6.

Photos. Vous utilisez Photos pour importer et modifier des photos numériques et autres images, comme je vous l'indique au chapitre 8.

Pages. Ce programme est un traitement de texte que vous utilisez pour créer des textes mis en forme. Il n'est pas aussi évolué que Microsoft Word, mais il est amplement suffisant pour la plupart des tâches.

Numbers. Il s'agit d'un tableur. Là encore, il n'est pas aussi puissant que Microsoft Excel, mais il est parfaitement adapté pour un usage personnel.

Keynotes. Il s'agit d'un logiciel de présentation dans le même style que Microsoft PowerPoint.

iTunes. Vous utilisez iTunes pour lire des fichiers audio ou des CD audio et pour ajouter de la musique à votre iPod, comme je vous l'explique au chapitre 10.

iBooks. Vous utilisez cette application pour acheter et lire des livres numériques.

App Store. Cette icône vous donne accès à la boutique en ligne d'Apple dans laquelle vous téléchargez des programmes (certains gratuits, d'autres payants), comme c'est le cas avec l'App Store sur un iPhone ou un iPad.

Préférences Système. Vous utilisez les Préférences Système pour personnaliser votre Mac, comme je vous l'explique au chapitre 11.

Téléchargements. Vous utilisez Téléchargements pour afficher le contenu de votre dossier Téléchargements.

Corbeille. Vous utilisez la Corbeille pour supprimer des fichiers.

Y a pas plus clair !

Mon Dock est différent

Pas de panique si les icônes de votre Dock ne correspondent pas à celles de cet ouvrage. Vous en aurez peut-être plus. L'installation de votre ordinateur sera peut-être différente de celle de mon ordinateur lors de l'écriture de cet ouvrage.

Découvrez le fonctionnement des menus

Les menus sont regroupés dans la partie supérieure de l'écran, dans une barre que l'on appelle, à juste titre, la barre des menus. Je vous indique ici comment utiliser ces menus.

Y a pas plus pratique !

Manipulez les menus

Pour dérouler ou ouvrir un menu de Mac OS X, il suffit de cliquer sur son intitulé. Un menu reste déroulé tant que vous ne cliquez pas sur un des éléments qu'il contient (les commandes) ou en dehors de ce menu.

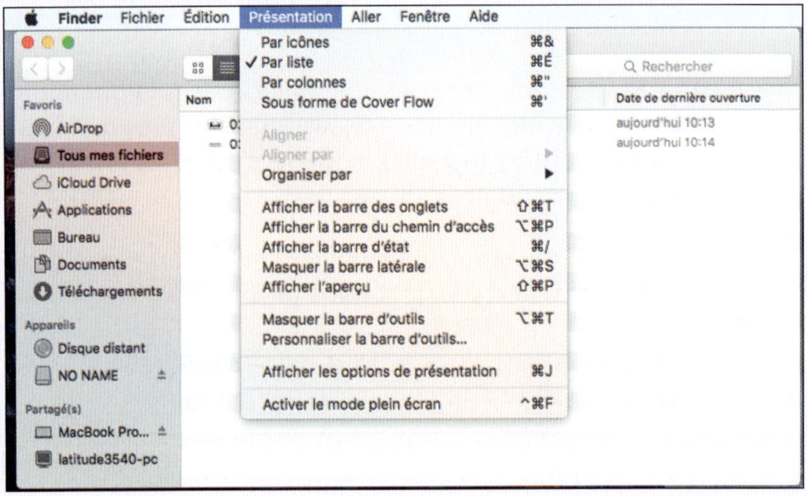

Un menu contient un ensemble de commandes. Or, celles-ci ne se comportent pas toutes de la même manière. Certains éléments du menu s'affichent en noir, d'autres en grisé. Parfois, ils sont suivis d'une indication clavier et des séparateurs permettent de créer des groupes d'éléments. Dans certains cas, on trouve une coche à gauche d'un élément ou un petit triangle noir à droite. Voici la signification de ces différents affichages :

- **Commandes noires.** Il s'agit des commandes disponibles en fonction du contexte dans lequel vous vous trouvez.
- **Commandes grisées.** Contrairement aux commandes précédentes, celles-ci ne sont pas disponibles dans le contexte actuel. Par exemple, avec le Finder, la commande Fermer la fenêtre du menu Fichier s'affiche en grisé lorsqu'aucune fenêtre n'est ouverte.
- **Coche.** Lorsqu'une coche s'affiche en regard d'une commande, cela signifie qu'elle est active. Par exemple, avec le Finder, dans

le menu Présentation, une coche indique le type d'affichage sélectionné pour une fenêtre (Par icônes, Par liste, Par colonnes, Sous forme de Cover Flow).

- **Raccourci clavier.** Les touches représentées en regard d'une commande indiquent qu'il est possible de taper cette combinaison de touches pour activer la commande directement à partir du clavier, donc d'utiliser un raccourci avec le clavier pour accéder à la commande. On parle aussi d'équivalent clavier. Généralement, les raccourcis clavier utilisent une combinaison avec les touches Commande, Option ou Majuscule plus une lettre. Même si les lettres sont représentées en majuscules dans les menus, vous ne devez pas appuyer pas sur la touche Majuscule (sauf si elle fait partie de la commande). En revanche, il est nécessaire d'appuyer sur la touche Majuscule lorsque le caractère du raccourci s'obtient à l'aide de cette touche. C'est le cas, par exemple, pour le point d'interrogation (?) ou avec les chiffres de la ligne supérieure (1, 2, 3 et ainsi de suite).
- **Séparateurs.** Comme le nom l'indique, il s'agit d'éléments permettant de séparer les commandes afin de donner une organisation visuelle par thèmes.
- **Triangle noir.** Le triangle noir que l'on trouve parfois à droite d'une commande indique systématiquement que la commande conduit vers au moins une deuxième sélection. En effet, ce triangle vous indique qu'il existe un sous-menu que vous affichez simplement en plaçant le pointeur de la souris sur la commande. Ensuite, faites glisser le pointeur sur la commande souhaitée, puis cliquez dessus. Plusieurs sous-menus peuvent se succéder.

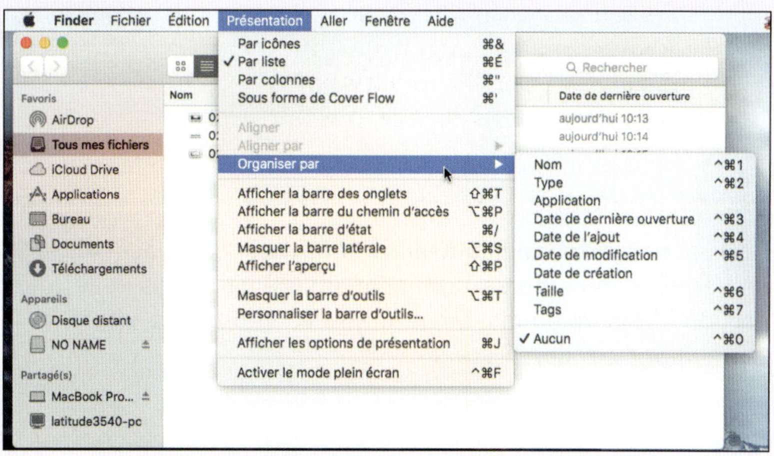

- **Points de suspension.** Certaines commandes se terminent par des points de suspension. Ceux-ci indiquent que vous ne pouvez pas exécuter une commande immédiatement en cliquant dessus : vous devez saisir un complément d'information dans une boîte de dialogue.

Y a pas plus clair !

Menus contextuels

La plupart des applications proposent, en plus des menus placés dans la barre des menus, des menus dits « contextuels », parce qu'ils présentent la particularité de proposer un ensemble de commandes en rapport avec l'élément sur lequel se trouve le curseur (le contenu varie donc en fonction du contexte où se trouve le curseur). Ils se déroulent à l'emplacement du pointeur. Il suffit de Ctrl-cliquer sur l'élément souhaité. Par exemple, comme illustré, en Ctrl-cliquant sur une icône du Bureau.

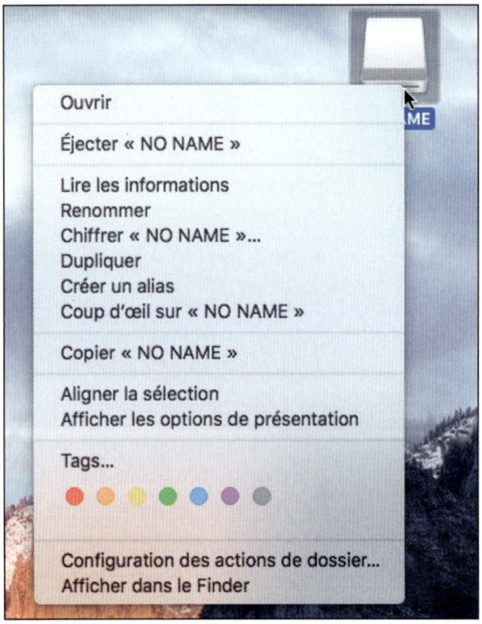

Utilisez la souris

Je vous ai donné un aperçu des éléments qui composent votre Bureau, je vais vous indiquer maintenant comment utiliser la souris et le trackpad et, dans la section suivante, le clavier, afin que vous puissiez effectuer vos premières manipulations sur l'ordinateur.

Y a pas plus pratique !

Domptez votre souris

Voici quelques termes à connaître en ce qui concerne la manipulation de la souris.

- **Pointer.** Pointer consiste à positionner le pointeur affiché à l'écran sur un élément précis, pour cela vous déplacez la souris sur la table pour faire bouger le pointeur. Ce dernier a généralement la forme d'une flèche noire orientée vers le haut à gauche (sa forme varie en fonction de l'objet placé dessous). Vous devez pointer un objet afin d'effectuer une action dessus. Par exemple, pour cliquer sur un bouton, vous placez le pointeur sur le bouton concerné.
- **Cliquer.** Pour effectuer cette action, vous devez appuyer sur la partie supérieure de la souris Apple. Si vous possédez une souris avec des boutons, vous enfoncez celui de gauche. Certains modèles de souris sont dotés d'un bouton droit qui permet d'effectuer un clic-droit (appelé aussi clic secondaire). Les souris d'Apple permettent aussi ce clic secondaire, mais il convient, en général, de configurer l'action des boutons de la souris pour l'activer. Par défaut, avec une souris à bouton unique, vous effectuez le clic secondaire en appuyant sur la touche `Ctrl` et en cliquant (on dit Ctrl-clic).
- **Taper.** Vous tapez sur la surface plane de la souris sans enfoncer le bouton principal. En double-tapant avec un doigt, vous effectuez un zoom intelligent et en double-tapant avec deux doigts, vous affichez Mission Control.
- **Double-cliquer.** Pour effectuer cette opération, vous devez enfoncer le bouton de la souris deux fois consécutivement. Attention, si le laps de temps qui s'écoule entre le premier et le deuxième clic est trop long, le système interprète votre action comme deux simples clics successifs. Certains programmes utilisent également le triple-clic qui, vous l'aurez compris, consiste à cliquer trois fois très rapidement et on trouve parfois le quadruple-clic !
- **Glisser-déposer ou cliquer-glisser.** Cette manipulation un peu particulière s'effectue en deux temps : vous cliquez sur un élément puis, en maintenant le bouton de la souris enfoncé, vous le faites glisser vers un nouvel emplacement où vous le déposez, en relâchant le bouton de la souris.

Y a pas plus clair !

Clic-droit et Ctrl-clic

Dans cet ouvrage, il est donc question de Ctrl-clic et non pas de clic-droit. C'est le terme couramment utilisé dans les ouvrages qui traitent du Mac. Vous saurez donc que si vous rencontrez dans un texte les termes clic-droit, Ctrl-clic ou clic secondaire, ils correspondent à la même action.

Y a pas plus malin !

Les manipulations spéciales avec la souris d'Apple

La surface de la Magic Mouse d'Apple est sensible aux gestes. Ainsi, pour faire défiler le contenu d'une fenêtre dans une direction, vous faites glisser votre doigt dans cette direction (comme sur l'écran d'un iPhone/iPad), par exemple, vous déplacez votre doigt vers le haut pour faire glisser le contenu vers le haut. Si vous avez déjà l'habitude de manipuler un ordinateur, ce mouvement va à l'inverse de ce que vous connaissez. Sachez qu'il est possible de modifier ce comportement dans les Préférences Souris. Vous pouvez également configurer les autres gestes.

Y a pas plus pratique !

Utilisez le trackpad

Si vous utilisez un ordinateur portable ou si vous avez opté pour un trackpad avec votre ordinateur de Bureau, vous déplacez le pointeur à l'écran en déplaçant votre doigt sur la surface plane. Pour cliquer, vous appuyez n'importe où sur la surface plane et pour le clic secondaire, vous cliquez avec vos doigts (vous posez deux doigts sur la surface). Vous retrouvez l'ensemble des commandes de la souris, mais la surface du trackpad offre des fonctionnalités supplémentaires. Par exemple, la fonction pincer ou écarter, qui consiste à pincer deux doigts ou à écarter deux doigts sur la surface, afin de modifier le facteur de zoom de l'élément affiché à l'écran.

Si vous accédez aux Préférences Trackpad, vous pouvez activer ou désactiver les fonctionnalités du trackpad et vous pouvez voir des vidéos indiquant les gestes à effectuer.

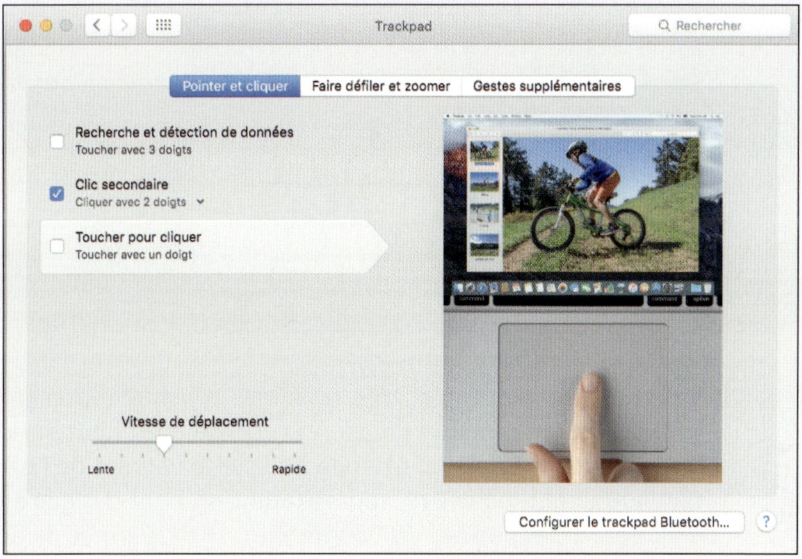

Utilisez le clavier

Même si l'utilisation du clavier est simple, vous devez toutefois connaître quelques manipulations pour accéder à des fonctions particulières.

Y a pas plus pratique !

Touches de fonctions

Le clavier Apple avec pavé numérique possède des touches de fonction numérotées de **F1** à **F19** ; le clavier sans pavé numérique (ou celui des portables) propose des touches de fonction numérotées de **F1** à **F12**.

Vous pouvez remarquer que certaines touches représentent des icônes. Par exemple, la touche **F11**, ornée d'un haut-parleur avec un seul arc de cercle, permet de baisser le volume de l'ordinateur tandis que la touche **F12**, représentant un haut-parleur avec trois arcs de cercle, permet de l'augmenter (**F10** permet de couper le son). Pour accéder aux fonctions correspondant aux icônes, vous avez deux possibilités. Si les touches de fonction standard sont activées, vous devez appuyer sur la touche **Fn** (en bas à gauche sur le clavier sans pavé ; au-dessous de la touche **F13** sur le clavier avec pavé). Si les touches de fonction standard sont désactivées, vous accédez directement aux fonctions représentées par les icônes lorsque vous appuyez sur les touches et, dans ce cas, la touche **Fn** sert à accéder aux touches de fonction standard. Pour régler le comportement des touches de fonction, vous utilisez les Préférences Clavier (consultez le chapitre 11).

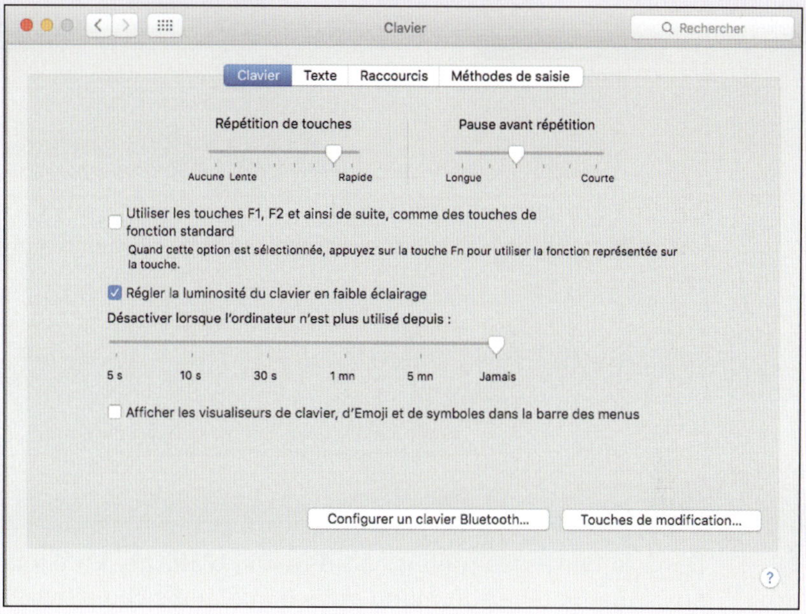

Y a pas plus pratique !

Majuscules accentuées

Si vous avez opté pour le clavier français lors de la configuration, vous pouvez réaliser les majuscules accentuées en activant la touche Verrouillage majuscules (placée à gauche de la touche **Q**). Un voyant vert s'allume sur la touche pour indiquer que le verrouillage est actif (appuyez de nouveau sur la touche pour désactiver le verrouillage). Il vous suffit alors de taper sur la touche souhaitée, par exemple **é** pour obtenir un **É**. Si vous avez opté pour le clavier français numérique, lorsque vous activez la touche **Majuscule**, vous obtenez les chiffres marqués sur les touches. Il est possible d'utiliser les deux types de claviers et de basculer de l'un à l'autre en fonction de vos besoins. Pour cela, ouvrez les Préférences Système (consultez le chapitre 11), puis cliquez sur l'icône Clavier. Dans la fenêtre qui s'affiche, cliquez sur l'onglet **Méthodes de saisie**, puis cochez **Afficher le menu de saisie** dans la barre des menus.

Dans la barre des menus, un drapeau s'affiche. En cliquant dessus, vous obtenez un menu dans lequel vous choisissez le clavier que vous souhaitez afficher.

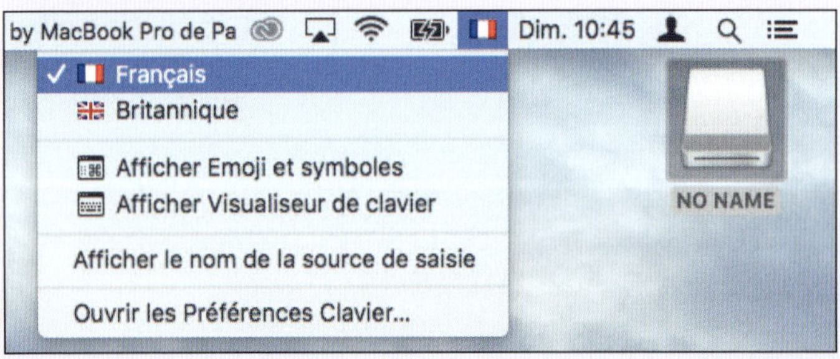

Si vous êtes un peu perdu, vous pouvez ouvrir le Visualiseur de clavier pour afficher un clavier à l'écran. Les touches de ce clavier virtuel changent selon que vous enfonciez **`Ctrl`**, **`Alt`**, **`Commande`** ou **`Majuscule`**.

Découvrez le Finder

Les fenêtres sont des éléments essentiels sur le système Mac OS X. Je vais vous faire découvrir la manipulation des fenêtres à l'aide de Finder. Ce dernier vous permet d'afficher le contenu de votre disque dur, des dossiers, ou encore, des disques externes (par exemple, vos cartes mémoire avec vos photos). Avec les programmes, les fenêtres affichent les données sur lesquelles vous travaillez, comme vos courriels par exemple. Toutefois, les caractéristiques essentielles de ces fenêtres se retrouvent dans la majorité des fenêtres des autres applications.

Y a pas plus clair !

Anatomie d'une fenêtre

L'illustration montre les différents éléments d'une fenêtre affichant le contenu du dossier Départ de l'utilisateur. Pour l'obtenir, placez-vous dans le Finder (cliquez n'importe où sur le Bureau ou cliquez sur **Finder** dans le Dock), puis cliquez sur **Aller à → Départ.**

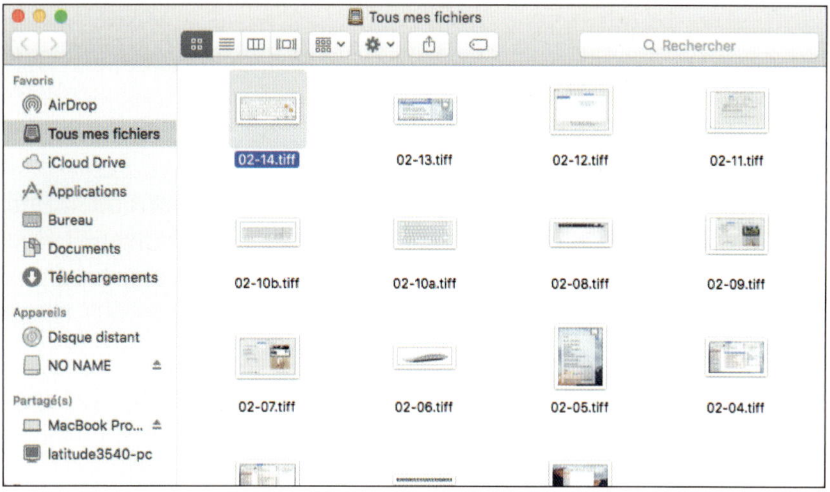

1. **Barre de titre.** Comme son nom l'indique, la barre de titre donne le titre de la fenêtre. Dans le cas du Finder, il s'agit du nom du dossier dont le contenu est affiché dans la partie centrale de la fenêtre. Si vous effectuez un Ctrl-clic sur le nom, vous affichez l'arborescence du disque jusqu'au dossier affiché.

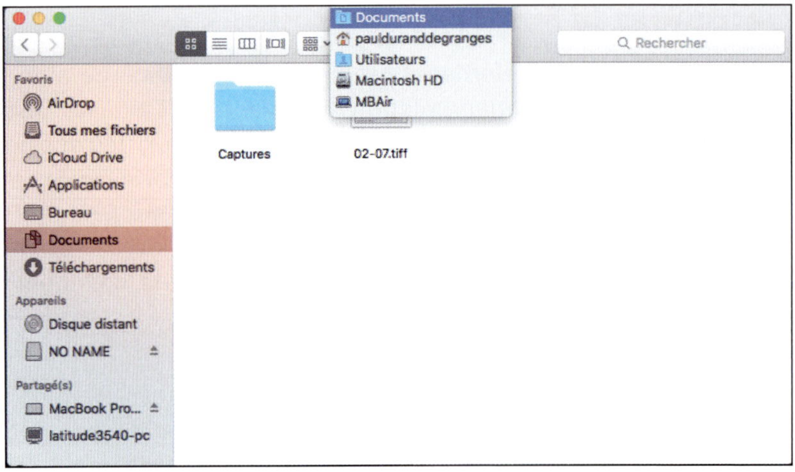

❷ **Boutons de la barre de titre.** À gauche de la barre de titre, vous trouvez trois boutons. Le bouton Fermeture (rouge) permet de fermer la fenêtre (dans certains programmes, ce bouton permet de quitter le programme). Le bouton Masquage (jaune) permet de masquer la fenêtre. Celle-ci reste ouverte, mais elle ne s'affiche pas : elle se réduit sous la forme d'une icône dans la partie de droite du Dock. Vous affichez de nouveau la fenêtre en cliquant sur l'icône dans le Dock ou en la sélectionnant dans le menu Fenêtre. Le bouton Plein écran ou Extension (vert) agrandit ou réduit la fenêtre en fonction de la taille actuelle.

❸ **Barre d'outils.** La barre d'outils du Finder comprend les boutons suivants :

- **Précédent et Suivant.** Ces boutons permettent, dans l'ordre, d'afficher le contenu du dossier précédent et le contenu du dossier suivant (à condition d'avoir préalablement cliqué sur Précédent). Ces boutons fonctionnent comme ceux d'un navigateur Internet (voir chapitre 4).
- **Boutons Présentation.** Il s'agit d'une série de boutons identiques aux quatre premières commandes du menu Présentation et ils permettent donc de choisir l'un des quatre modes de présentation du contenu d'un dossier : par icônes, par liste, par colonnes ou avec Cover Flow.
- **Menu Organiser.** Permet de changer l'ordre dans lequel s'affichent les icônes.
- **Menu Actions.** En cliquant sur ce bouton, vous ouvrez un menu qui contient les commandes que vous pouvez utiliser avec l'élément sélectionné et avec le Finder lui-même.

- **Menu Partager.** En cliquant sur ce bouton, vous affichez un menu permettant le partage de l'élément sélectionné en utilisant différentes applications.
- **Modifier les tags.** Utiliser ce bouton pour changer la couleur de l'étiquette de l'élément sélectionné.

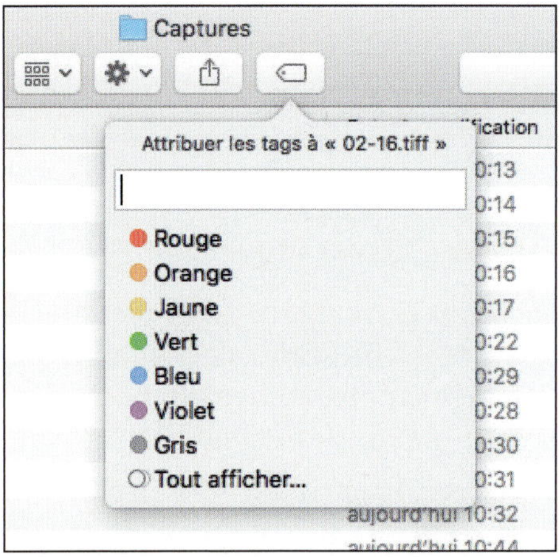

- **Champ Recherche.** Saisissez le nom ou une partie du nom de l'élément que vous recherchez. Il n'est pas nécessaire d'appuyer sur la touche `Entrée`, la recherche démarre dès la saisie du premier caractère. Vous effacez le contenu de la zone Recherche en cliquant sur la croix qui s'affiche à droite du champ. Cliquez sur Précédent pour retrouver le dossier qui était affiché avant la recherche. Je vous présente la recherche dans le chapitre 3.

❹ **Barre latérale.** Sur toute la hauteur, à gauche des fenêtres du Finder, vous trouvez une barre latérale qui permet une navigation rapide. Cette barre est divisée en plusieurs parties :

- **Favoris.** Vous trouvez dans cette section les principaux dossiers de l'utilisateur. Vous pouvez ajouter des dossiers ou toute autre icône (document, programme, etc.) dans cette partie (en effectuant un glisser-déposer). Vous trouvez aussi les recherches prédéfinies (vous pouvez ajouter vos propres éléments de recherche).
- **Appareils.** Cette section regroupe les différents disques ou volumes de votre ordinateur. Lorsque vous insérez un CD/DVD ou que vous connectez une clé USB, vous voyez apparaître les icônes correspondantes ici.

❺ **Partie principale.** La partie principale se trouve au centre de la fenêtre et elle affiche les dossiers et les fichiers selon l'un des quatre modes de présentation. Lorsque la totalité du contenu d'un dossier ne peut pas être affichée dans la fenêtre, vous pouvez faire défiler ce contenu. Pour cela, faites glisser votre doigt sur la surface de la souris ou du trackpad. Lorsque vous déplacez le contenu, des barres de défilement s'affichent, elles disparaissent immédiatement lorsque vous arrêtez de faire défiler le contenu de la fenêtre. Notez que certains programmes affichent en permanence ces barres de défilement.

Y a pas plus clair !

Zone d'affichage avec Cover Flow

Lorsque vous choisissez le mode de présentation Cover Flow, la partie supérieure de la fenêtre affiche des images des différents éléments de la fenêtre principale. Utilisez la barre de défilement de la zone Cover Flow pour parcourir les images.

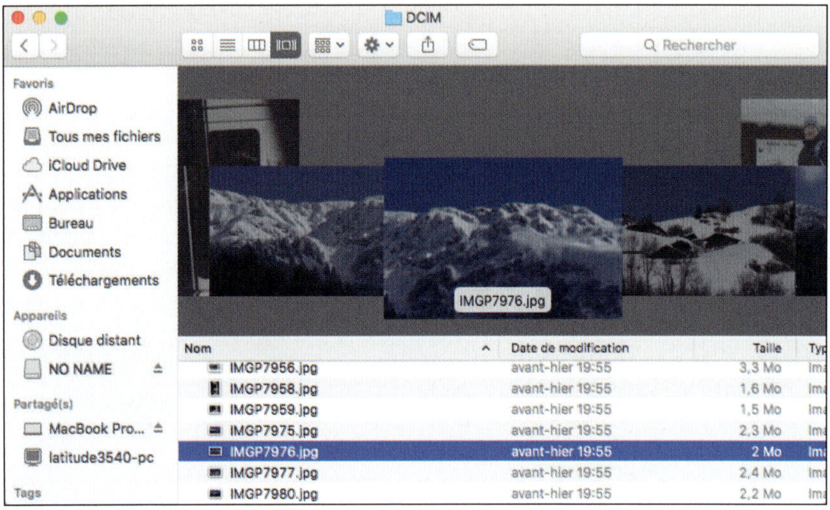

Y a pas plus pratique !

Ouvrez une fenêtre du Finder et démarrez un programme

Je vais vous indiquer maintenant comment ouvrir une fenêtre du Finder, afficher le contenu d'un dossier puis démarrer un programme se trouvant dans ce dossier.

1. Dans le Dock, cliquez sur l'icône **Finder**. Immédiatement, la fenêtre Finder apparaît sur le Bureau. Par défaut, la partie principale affiche **Tous mes fichiers**. Vous pouvez voir que cet élément est sélectionné dans le volet de gauche.

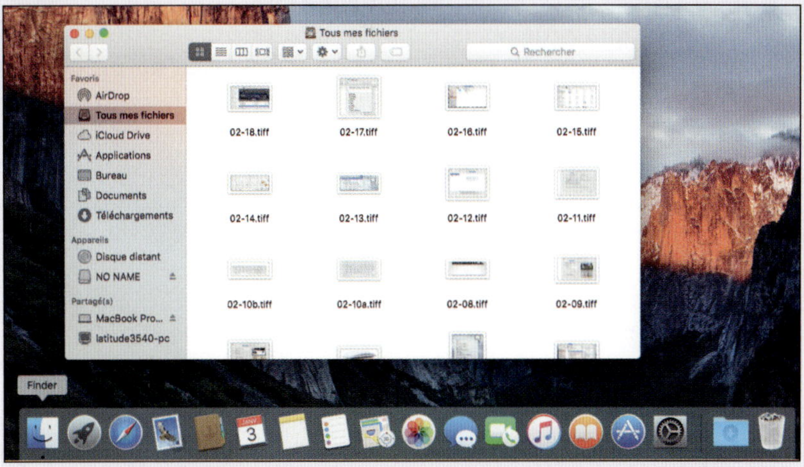

2. Dans le volet, cliquez sur **Applications** (vous pouvez aussi appuyer sur les touches **`Maj + Cmd + A`** pour afficher le contenu du dossier **Applications**). La partie principale de la fenêtre affiche maintenant le contenu du dossier Applications (c'est ici que se trouvent vos programmes).

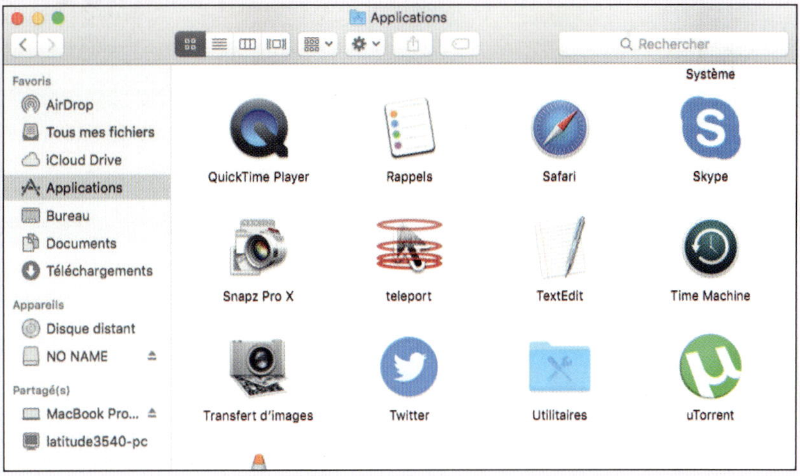

3. Double-cliquez sur l'icône du programme à lancer. Notez que vous pouvez double-cliquer sur l'icône d'un dossier pour en afficher le contenu, vous pouvez ensuite double-cliquer sur l'icône d'un programme classé dans ce dossier. Ici, je double-clique sur

l'application **Textedit**, vous pouvez faire de même puisque j'utilise cette application dans la section suivante.

4 Le programme apparaît sur le Bureau et le système ajoute un bouton pour le programme dans le Dock. Un point bleu sous l'icône du programme vous rappelle que le programme fonctionne. La barre de menus affiche les menus associés au programme. Vous pouvez utiliser votre programme. Notez que pour quitter un programme, la commande se trouve généralement dans le menu portant le nom du programme.

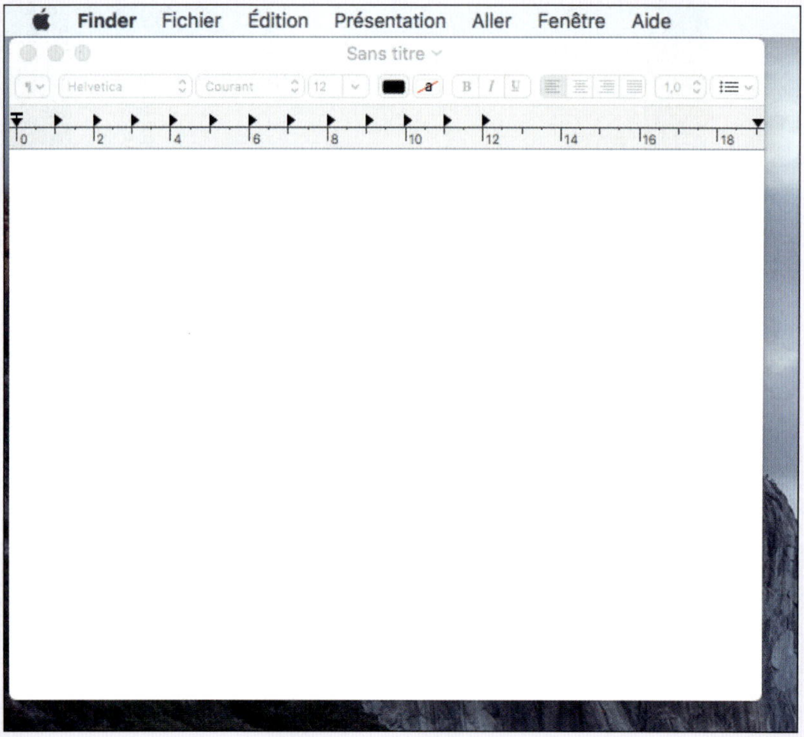

Y a pas plus malin !

Démarrez un programme à partir du Dock

Si le programme que vous souhaitez lancer possède une icône dans le Dock, vous pouvez cliquer sur cette icône. Dans ce cas, passez les étapes suivantes.

Y a pas plus malin !

Utilisez le Launchpad

Dans le Dock, cliquez sur l'icône Launchpad pour afficher à l'écran vos programmes. Faites défiler les programmes en faisant glisser votre doigt vers la gauche ou la droite sur la surface de la souris ou du trackpad. Pour démarrer un programme, cliquez dessus.

Chapitre 3

Manipulez les fichiers

Votre Mac regorge de fichiers. Il peut s'agir de documents que vous avez créés, de pièces reçues par messagerie, d'images que vous avez transférées, ou d'éléments nécessaires au bon fonctionnement de vos programmes. Apprenez dans ce chapitre à créer, déplacer, supprimer, classer et retrouver les fichiers de votre Mac.

- Enregistrez un document
- Effectuez une recherche
- Créez un dossier
- Déplacez un fichier
- Supprimez un fichier

Enregistrez un document

Après avoir modifié un document, vous l'enregistrez pour conserver votre travail. Vous devez savoir qu'OS X propose la sauvegarde automatique qui facilite la tâche pour la sauvegarde (toutefois, tous les programmes ne prennent pas en charge cette fonction). Une autre fonctionnalité permet d'afficher les différentes versions d'un même document, afin de revenir facilement à une version précédente si vous n'aimez pas les modifications que vous avez apportées. Je vais vous indiquer comment accéder à toutes ces fonctionnalités.

Y a pas plus pratique !

Enregistrez le fichier

Même si le programme propose l'enregistrement automatique, vous utilisez la commande d'enregistrement pour nommer votre fichier. Pour effectuer les manipulations, vous pouvez démarrer le programme Textedit, comme je vous l'indique dans le chapitre précédent. Saisissez du texte dans la fenêtre avant d'enregistrer votre document.

1. Cliquez sur **Fichier → Enregistrer** (notez que vous pouvez appuyer sur les touches **`Cmd` + `S`**).

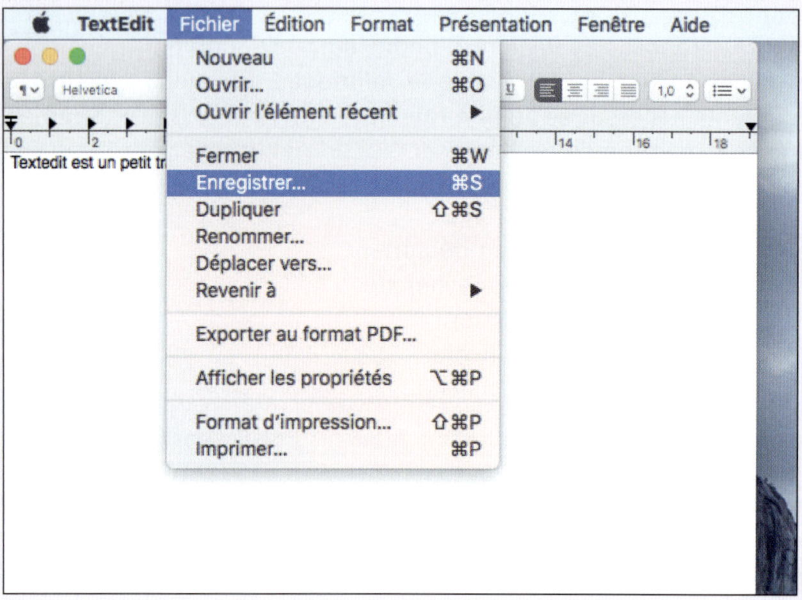

2 Une boîte de dialogue s'affiche et attend que vous saisissiez un nom pour votre document (ce que vous tapez va remplacer le texte sélectionné, « Sans titre »). Si vous le souhaitez, cliquez sur l'élément en regard de Emplacement pour choisir le dossier dans lequel vous souhaitez placer votre document ; pour naviguer dans les dossiers de votre ordinateur, vous pouvez cliquer sur la flèche vers le bas, en regard du nom, pour développer la boîte de dialogue. Vous pouvez également choisir un format de fichier en cliquant sur l'élément Format de fichier.

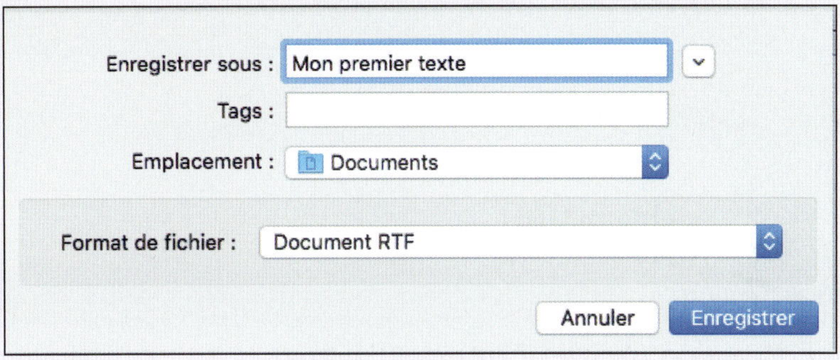

3 Cliquez sur le bouton **Enregistrer**. Le nom que vous avez donné à votre document s'affiche dans la barre de titre de la fenêtre. Si vous ouvrez le menu **Fichier**, vous verrez que la commande **Enregistrer** s'est transformée en **Enregistrer une version**. Vous utilisez cette commande pour enregistrer votre document en conservant le nom que vous lui avez attribué lors du premier enregistrement.

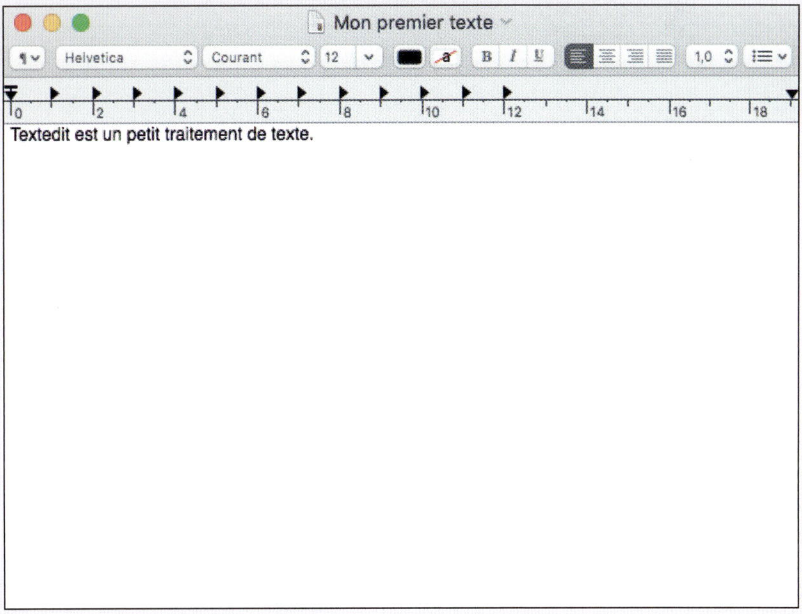

Y a pas plus clair !

Format de fichier

Les programmes utilisent différentes méthodes pour enregistrer les informations dans les fichiers. Certains programmes vous proposent de choisir le format que vous voulez utiliser pour faciliter l'échange de fichiers avec vos connaissances. Par exemple, avec Textedit, vous pouvez opter pour l'un des formats Word afin d'enregistrer un document compatible avec Microsoft Word (et les autres programmes qui prennent en charge ce format).

Y a pas plus malin !

Passez d'un programme à l'autre

Pour afficher la fenêtre d'un autre programme que vous avez ouvert, cliquez sur son icône dans le Dock.

Y a pas plus pratique !

Revenez à une version précédente

Si vous avez apporté des modifications à votre document et que celles-ci ne vous conviennent pas, vous avez la possibilité de récupérer une version précédente de votre travail (cette fonctionnalité n'est toutefois pas proposée par tous les programmes).

1. Enregistrez votre document **(Fichier ➜ Enregistrer**), puis cliquez sur **Fichier ➜ Revenir ➜ Parcourir toutes les versions**.

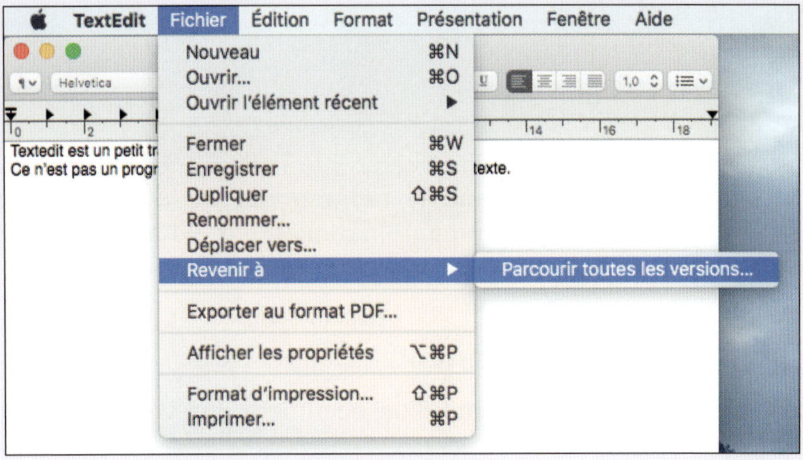

2. L'écran change. Vous trouvez votre document actuel à gauche et l'ensemble des versions enregistrées à droite. Cliquez sur les barres de titre ou utilisez la barre de défilement sur le bord droit de l'écran pour parcourir les différentes versions. Lorsque vous avez trouvé celle que vous souhaitez récupérer, cliquez sur Restaurer. Pour ne rien récupérer, cliquez sur **Fermer**.

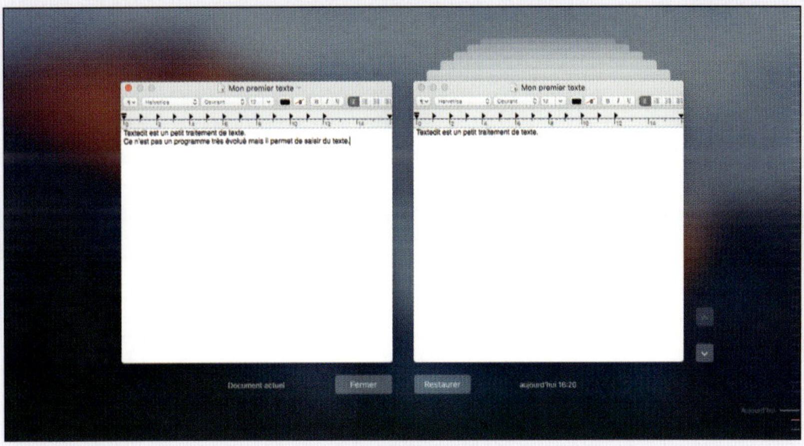

3. La version sélectionnée s'affiche dans la fenêtre du document. Si vous changez d'avis, vous pouvez toujours recommencer à l'Étape 1 pour récupérer une autre version, même plus récente.

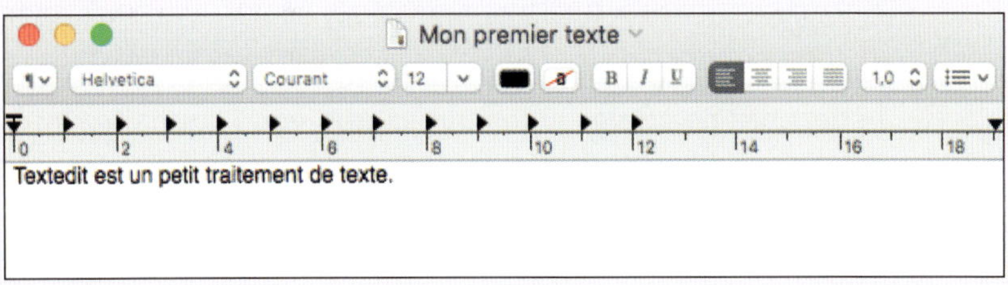

Y a pas plus malin !

Quittez Textedit

Pour quitter Textedit, cliquez sur **Textedit → Quitter. Lorsque vous démarrez à nouveau le programme, les documents qui étaient ouverts se rouvriront automatiquement. Pour fermer un document, vous choisissez la commande Fichier → Fermer.**

Imprimez un document

Pour conserver une trace écrite d'un document que vous avez créé ou reçu, utilisez votre imprimante.

Y a pas plus pratique !

Imprimez votre document

1. Cliquez sur **Fichier → Imprimer.**

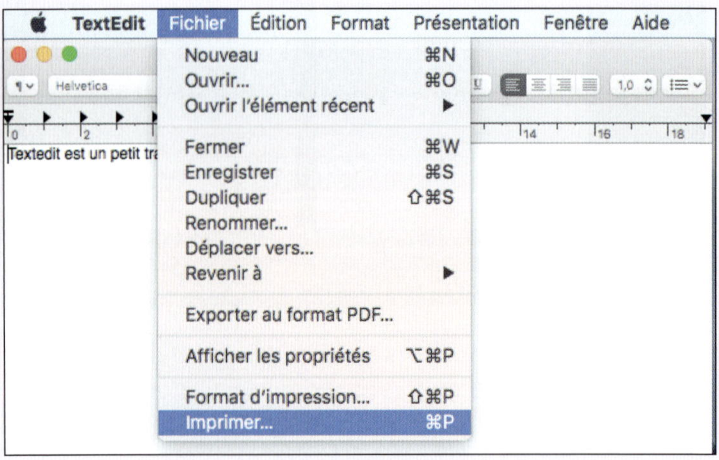

2. Dans la boîte de dialogue qui s'affiche, indiquez éventuellement le nombre de copies et les pages que vous souhaitez imprimer. Si vous avez plusieurs imprimantes connectées à votre ordinateur, vous pouvez également sélectionner celle sur laquelle vous souhaitez imprimer. Vous voyez un aperçu du document tel qu'il sera

imprimé. Cliquez sur les boutons au bas de l'aperçu pour naviguer d'une page à l'autre. Cliquez sur **Imprimer pour lancer l'impression ou sur Annuler pour revenir à votre document sans imprimer.**

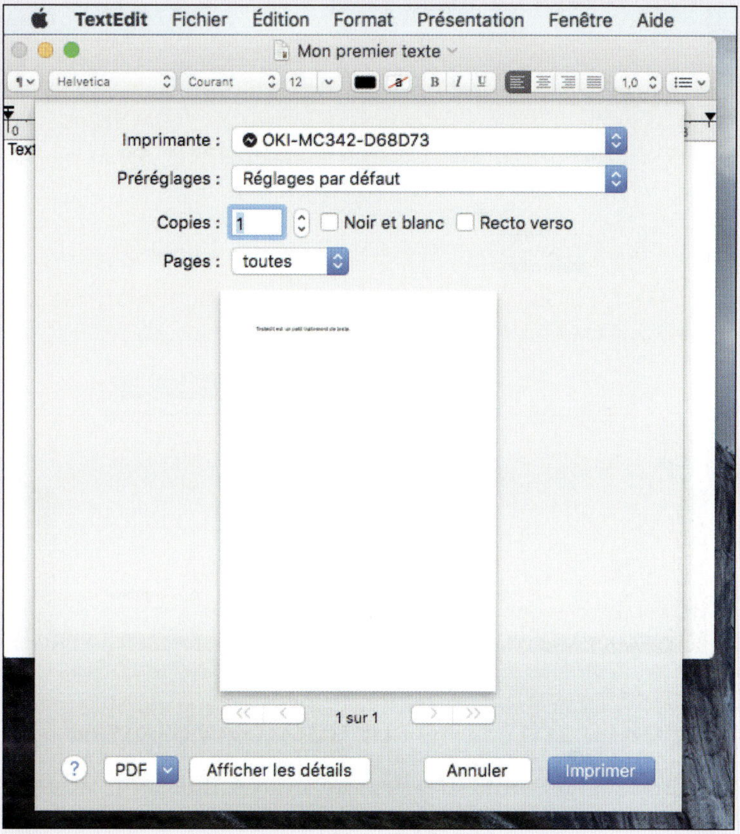

Y a pas plus malin !

Créez un PDF

Vous pouvez créer un fichier au format PDF de votre document. Le format PDF est un format de document qui peut être affiché sur la majorité des ordinateurs. Il est très pratique pour envoyer un document par courriel en étant certain que le destinataire pourra le lire. Pour créer un PDF, procédez comme si vous alliez imprimer le document, puis cliquez sur PDF, au bas de la boîte de dialogue et dans le menu qui apparaît, choisissez **Enregistrer au format PDF. Dans la nouvelle boîte de dialogue qui apparaît, nommez votre fichier PDF, puis cliquez sur Enregistrer.**

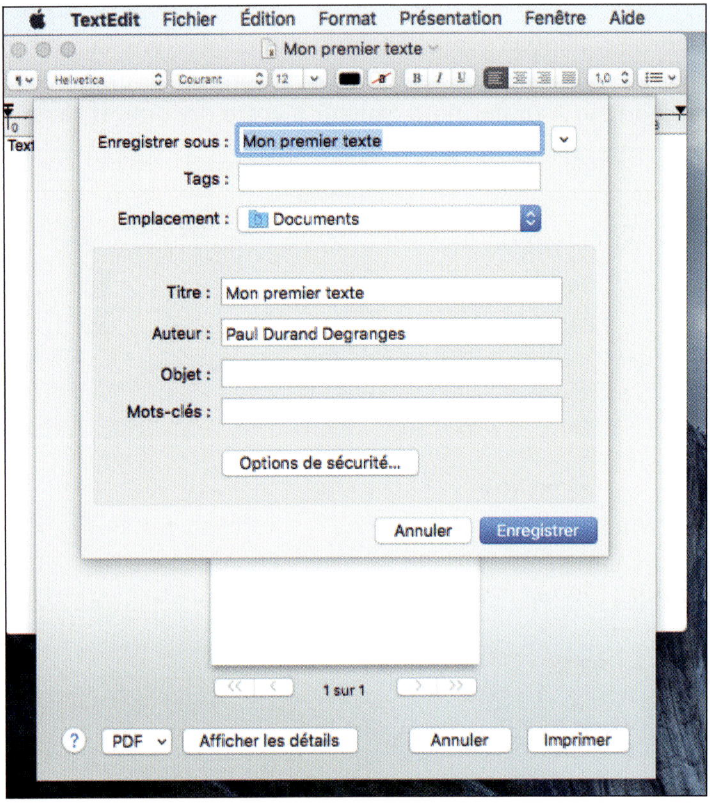

Effectuez une recherche sur votre ordinateur

Votre Mac propose un outil de recherche très puissant, appelé Spotlight, avec lequel vous recherchez n'importe quel élément sur votre ordinateur. Par exemple, pour accéder à un programme, certaines personnes utilisent cet outil plutôt que d'afficher le dossier Application ou de parcourir les écrans du Launchpad. L'outil de recherche du Mac est capable de trouver des fichiers (des documents), mais aussi d'autres éléments tels que des courriels, des rendez-vous ou des adresses.

Y a pas plus pratique !

Recherchez un élément avec Spotlight

1. Cliquez sur la loupe placée complètement à droite de la barre de menus (vous pouvez aussi appuyer sur **Cmd + Espace**).

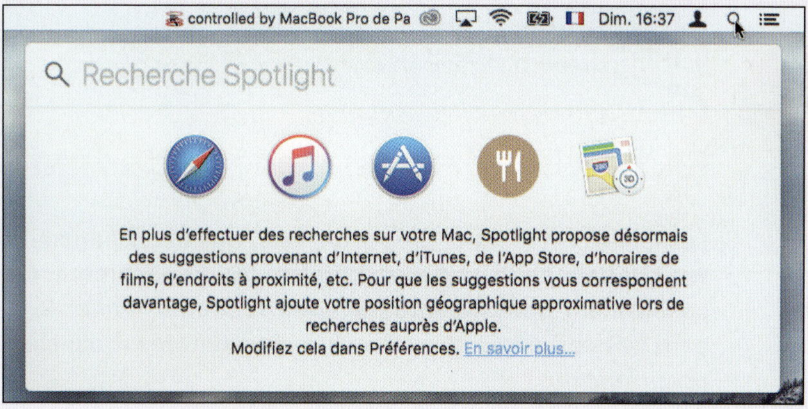

2 Saisissez le mot-clé recherché (ou les mots-clés). La liste de résultats se met à jour instantanément. Vous voyez les éléments dont le mot-clé apparaît dans le titre (le nom du fichier) ou dans le contenu (le nom d'une personne dans le carnet d'adresses, par exemple).

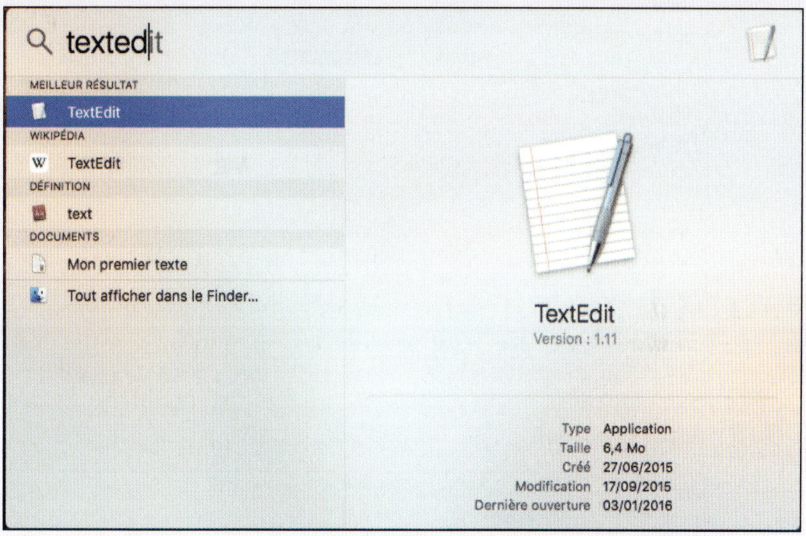

3 Pour ouvrir l'élément qui vous intéresse, cliquez dessus (ou appuyez sur **Entrée s'il s'agit de l'élément sélectionné)**.

Y a pas plus pratique !

Recherchez dans une fenêtre du Finder

Les fenêtres du Finder proposent une zone de recherche. Vous pouvez l'utiliser pour retrouver rapidement un document. C'est particulièrement pratique lorsque vous souhaitez limiter la recherche à un dossier précis et que vous recherchez des mots-clés dans un document.

1 Ouvrez une fenêtre du Finder. Si vous souhaitez limiter la recherche à un dossier, affichez-le.

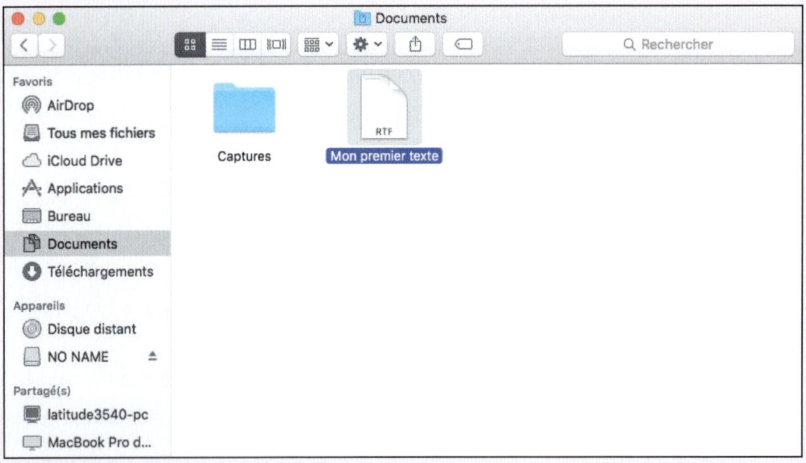

2 Saisissez vos mots-clés dans la zone de recherche (à droite de la barre d'outils).

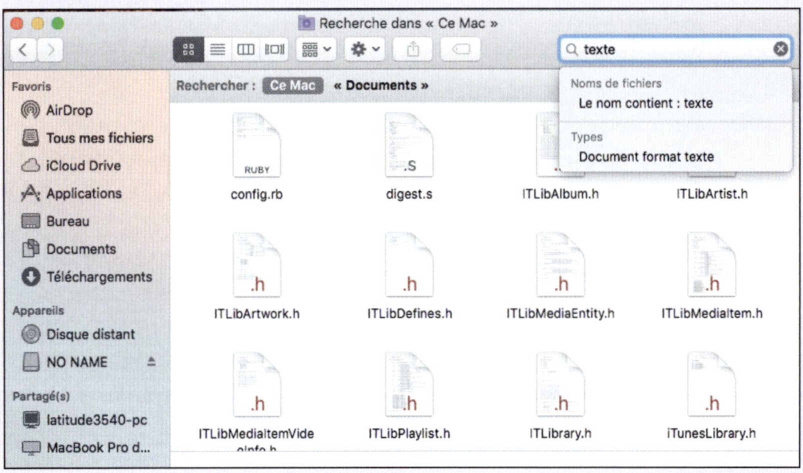

3 Pour limiter la recherche au dossier que vous aviez sélectionné, cliquez sur son nom. Pour ouvrir l'un des éléments, double-cliquez sur son icône.

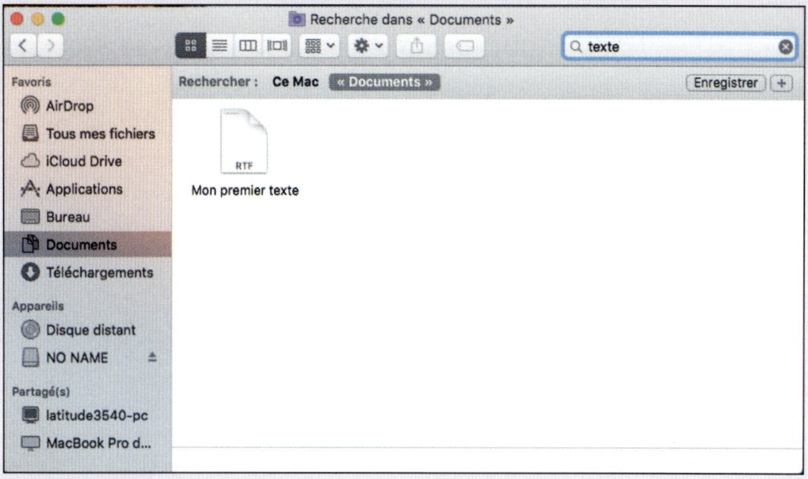

Manipulez les fichiers

Dans une fenêtre du Finder, vous pouvez copier, déplacer et supprimer des fichiers. Vous avez également la possibilité de créer des dossiers pour organiser vos fichiers. Vous créez des dossiers dans des dossiers existants afin de créer une hiérarchie pour organiser vos documents.

Y a pas plus pratique !

Créez un dossier

1 Dans une fenêtre du Finder, cliquez sur **Fichier → Nouveau dossier** (ou appuyer sur les touches `Maj + Cmd + N`).

2 Un nouveau dossier apparaît dans le dossier en cours, nommez ce dossier, puis appuyez sur la touche **Entrée**.

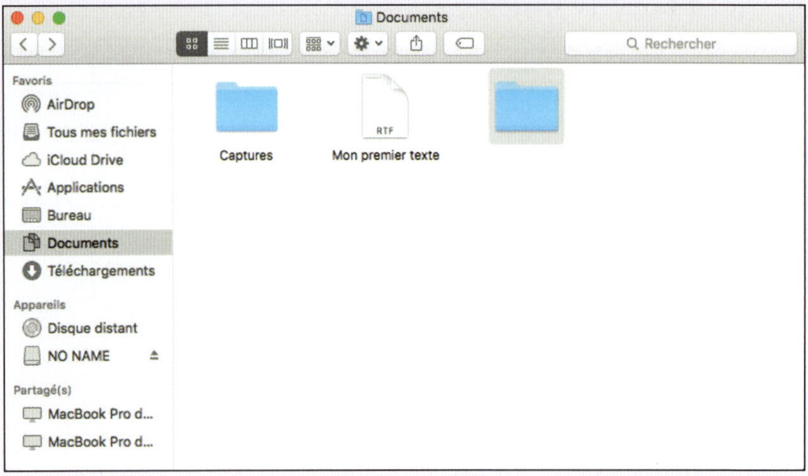

Y a pas plus malin !

Renommez un dossier ou un fichier

Pour renommer un dossier ou un fichier, cliquez une fois pour sélectionner son icône, puis une seconde fois (ou appuyez sur la touche **Entrée**) **pour afficher le nom en mode Édition** (attention, il ne faut pas double-cliquer, laissez du temps entre vos deux clics).

Y a pas plus pratique !

Copiez un fichier

Vous copiez un fichier pour effectuer une sauvegarde ou pour le placer, par exemple, sur une clé USB pour le donner à un proche. Vous pouvez effectuer la copie d'un ou plusieurs fichiers en même temps. Cette technique s'applique également aux dossiers.

1 Ouvrez une fenêtre du Finder puis affichez le fichier à copier.

2 Ouvrez le dossier dans lequel vous souhaitez copier le fichier. Pour cela, ouvrez une seconde fenêtre de dossier en cliquant sur **Fichier → Nouvelle fenêtre Finder** (ou appuyez sur **Cmd + N**).

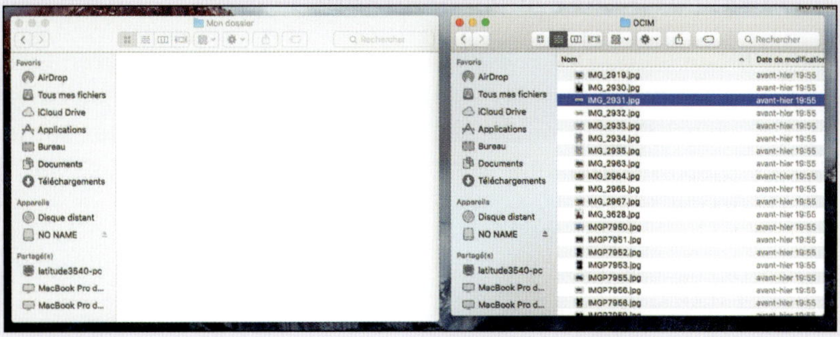

3 Appuyez sur la touche **Option** et, en la maintenant enfoncée, cliquez et faites glisser le fichier dans le dossier de destination. Le fichier d'origine reste dans son dossier et une copie du fichier se trouve dans le dossier de destination.

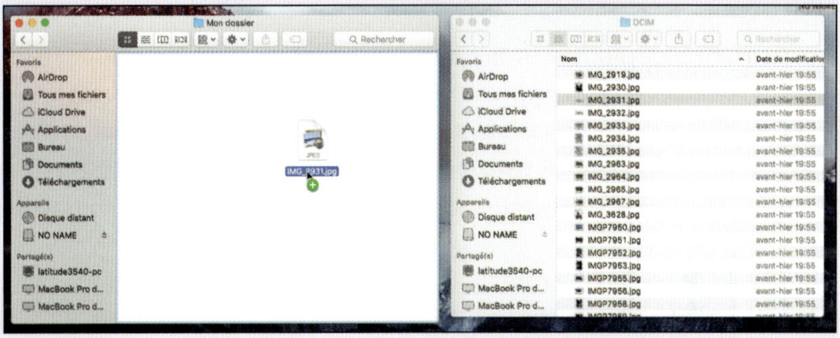

Vous pouvez également réaliser une copie du fichier dans le même dossier, ce qui peut s'avérer pratique lorsque vous souhaitez apporter des modifications importantes et conserver une copie de l'original. Pour cela, cliquez sur le fichier, puis cliquez sur **Fichier → Dupliquer** (ou appuyez sur **Cmd + D**). OS X crée une copie en ajoutant le mot **Copie** au fichier.

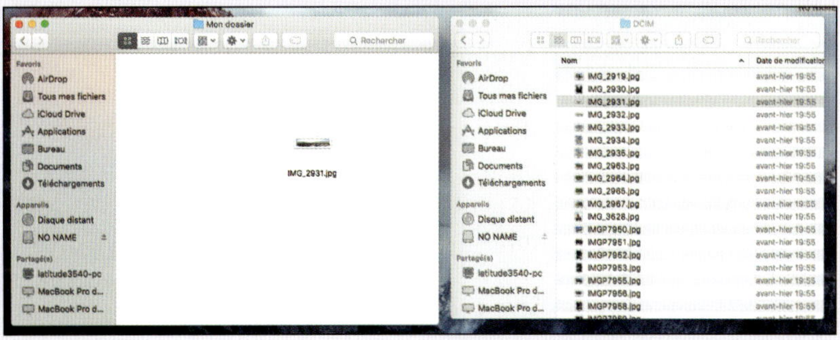

Y a pas plus malin !

Sélectionnez plusieurs icônes

Pour sélectionner plusieurs icônes, cliquez sur la première, puis, tout en appuyant sur la touche **Cmd**, cliquez sur les icônes suivantes. Pour sélectionner une série d'icônes successives, cliquez sur la première, puis, en appuyant sur la touche **Majuscule**, cliquez sur la dernière icône.

Y a pas plus pratique !

Déplacez un fichier

Vous déplacez un fichier, par exemple lorsque vous créez de nouveaux dossiers pour organiser vos documents. Si nécessaire, vous sélectionnez plusieurs fichiers pour les déplacer en une seule fois. Cette technique s'applique également aux dossiers.

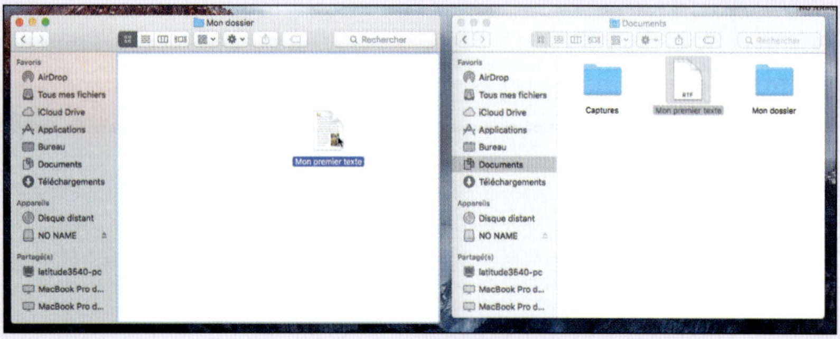

Cliquez et faites glisser le fichier dans le dossier de destination. Si vous déplacez le fichier sur un autre lecteur, vous devez maintenir la touche Cmd enfoncée lorsque vous faites glisser le fichier. Le fichier disparaît de son dossier d'origine. Le fichier est déplacé dans le dossier de destination.

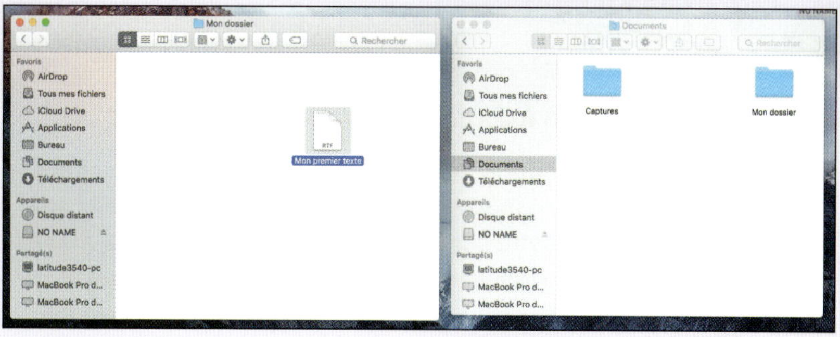

Supprimez des fichiers

Lorsque vous n'avez plus besoin d'un fichier, vous le supprimez. Ainsi, vous n'encombrez pas le disque dur avec des fichiers inutiles. N'effacez pas n'importe quel fichier, si vous n'êtes pas sûr de ce que vous faites, effacez uniquement les fichiers que vous avez créés ou que l'on vous a donnés.

Y a pas plus pratique !

Supprimez un fichier

1. Affichez le fichier à supprimer.
2. Cliquez sur le fichier et faites-le glisser sur l'icône Corbeille dans le Dock (ou appuyez sur `Cmd + Suppr`). Le fichier disparaît du dossier.

Y a pas plus malin !

Récupérez un fichier

Si vous avez effacé un fichier accidentellement, vous le restaurez en cliquant sur l'icône de la Corbeille dans le Dock pour ouvrir une fenêtre. Dans cette fenêtre, cliquez sur l'icône du fichier et faites-la glisser dans le dossier d'origine.

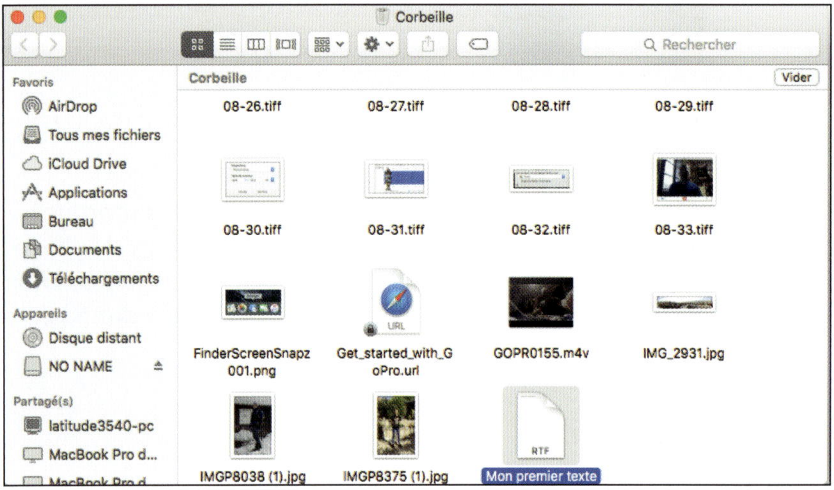

Y a pas plus pratique !

Videz la Corbeille

Lorsque vous supprimez un fichier, votre Mac le place dans la Corbeille. Vous pouvez libérer de l'espace disque en la vidant régulièrement. Je vous conseille de vider la Corbeille au moins une fois par mois, une fois par semaine si vous supprimez régulièrement des fichiers.

1. Cliquez sur l'icône **Finder**, puis cliquez sur **Finder → Vider la Corbeille** (ou utilisez le raccourci clavier **`Maj + Cmd + Suppr`**).

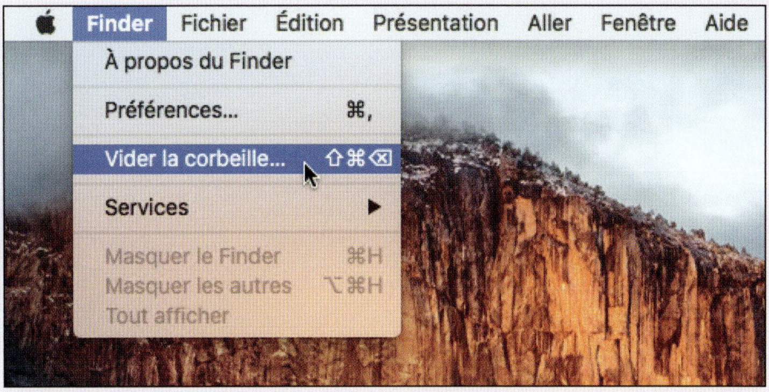

2 Vous pouvez aussi Ctrl-cliquer sur l'icône Corbeille dans le Dock, puis vous cliquez sur **Vider la Corbeille.**

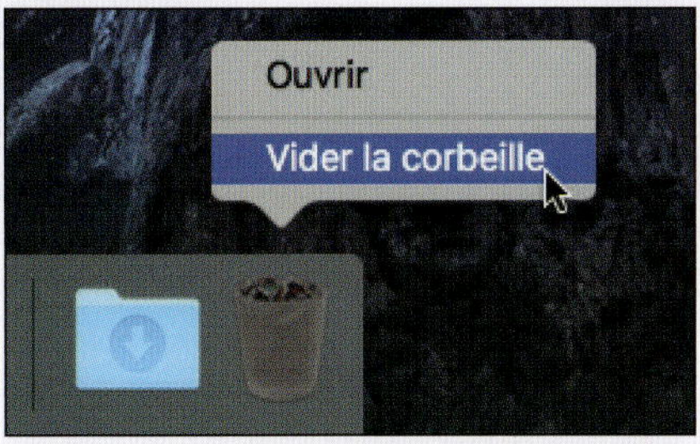

3 Votre Mac vous demande de confirmer. Cliquez sur **Vider la Corbeille**. Le Mac vide la Corbeille.

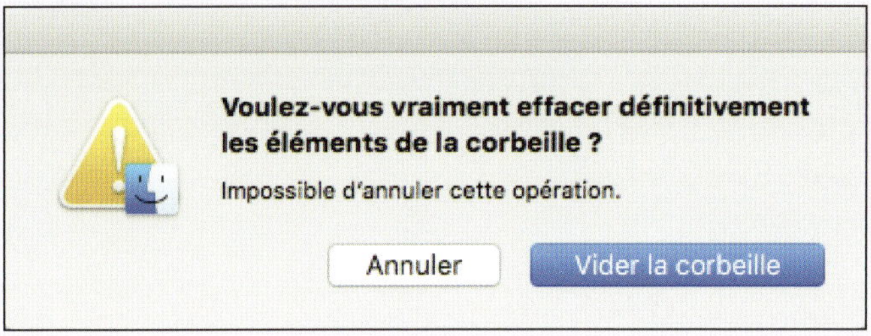

Chapitre 4

Naviguez sur le Web

Votre Mac vous permet de vous connecter à Internet et d'accéder à la quantité inimaginable d'informations disponibles sur le Web. D'ailleurs, il y en a tellement qu'il est souvent difficile de trouver ce que l'on cherche. Afin de vous aider, il existe des outils de recherche que nous vous présentons dans ce chapitre. Vous apprendrez également à utiliser les commandes du navigateur pour vous déplacer de page en page. Vous verrez que tout cela est très simple.

- Démarrez Safari, le navigateur du Mac
- Découvrez l'interface de Safari
- Utilisez la zone de recherche de la barre d'outils
- Saisissez une adresse Web
- Affichez un moteur de recherche
- Suivez les liens
- Naviguez de page en page
- Gérez les signets
- Changez la page d'accueil
- Aperçu des Préférences de Safari

Un petit tour en Safari ?

Pour afficher les pages Web, vous utiliserez un logiciel spécial appelé « navigateur ». Votre Mac est équipé de Safari, qui est le navigateur d'Apple (il en existe d'autres, mais ils ne sont pas détaillés dans cet ouvrage).

Y a pas plus pratique !

Démarrez et quittez Safari

Je vous ai montré au chapitre 2 comment démarrer un programme. L'icône de Safari se trouvant dans le Dock, il vous suffit de cliquer dessus. Si par hasard l'icône n'apparaît pas dans le Dock, procédez ainsi :

- Ouvrez Spotlight (cliquez sur la loupe à droite de la barre de menus), puis saisissez `Safari`. Le programme doit s'afficher dans la liste, double-cliquez dessus.
- Accédez au Launchpad en cliquant sur son icône dans le Dock, puis cliquez sur l'icône **Safari**.
- Ouvrez une fenêtre du Finder, puis affichez le dossier Applications. Double-cliquez sur l'icône **Safari**.

Pour quitter Safari, procédez comme avec tous les programmes : choisissez **Safari → Quitter**.

Y a pas plus malin !

Utilisez la navigation privée

Après avoir démarré Safari, si vous choisissez **Fichier → Nouvelle fenêtre privée**, vous obtenez une nouvelle fenêtre dans laquelle la session de navigation restera privée. Une fois que vous quittez Safari, aucune information n'est conservée dans l'historique et il n'est pas possible de savoir quels sont les sites que vous avez visités. Lorsque vous êtes en mode Navigation privée, la couleur de fond de la barre d'adresses/recherche s'affiche en gris foncé.

Y a pas plus pratique !

Découvrez l'interface de Safari

La fenêtre de Safari propose différents outils de navigation :

❶ **Afficher la page précédente** et **Afficher la page suivante**. Ces boutons s'utilisent pour afficher la page précédente ou suivante.

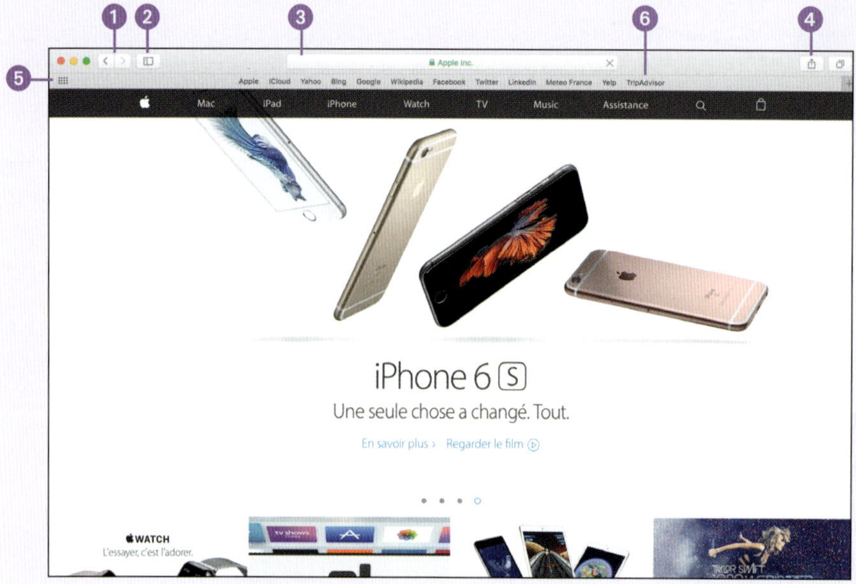

2 **Barre latérale**. Ce bouton ouvre une barre latérale dans laquelle vous trouvez votre liste de lecture, les favoris et des liens partagés.

3 **Barre de recherche intelligente**. Dans cette zone de texte, vous tapez l'adresse Web (appelée aussi URL pour *Uniform Resource Locator*) de la page que vous souhaitez afficher. Vous utilisez également cette zone pour effectuer une recherche sur Internet. À droite de la barre de recherche intelligente, le bouton contenant une flèche en cercle permet de recharger (actualiser) la page courante.

4 **Partager**. Ce bouton vous permet de partager le lien de la page courante à l'aide de différents programmes.

5 **Afficher tous les onglets**. Ce bouton permet d'afficher une miniature de tous les onglets pour obtenir un aperçu de leur contenu.

6 **Barre des signets**. Vous placez ici des signets afin d'accéder rapidement aux pages Web correspondantes, sans avoir à ouvrir de menu.

Effectuez une recherche

Lorsque vous lancez Safari, c'est la page d'accueil qui s'affiche et, par défaut, il s'agit du site Web d'Apple. Toutefois, si vous démarrez Safari, c'est sans doute parce que vous souhaitez afficher des informations bien précises. Soit vous connaissez l'adresse de la page que vous souhaitez voir et vous la saisissez, comme nous le verrons dans la section suivante, soit vous avez besoin de rechercher les sites qui vous intéressent et, pour cela, vous utilisez la zone de recherche de la barre d'outils.

Y a pas plus pratique !

Recherchez des pages Web

1. Cliquez dans le champ indiquant l'adresse du site actuellement affiché dans la page. La totalité du texte est automatiquement sélectionnée.

2. Saisissez-y l'objet de votre recherche. Une liste de suggestions s'affiche. Vous y trouvez notamment les « meilleurs résultats » par rapport à vos mots-clés, une liste des termes recherchés sur Google et correspondant à vos mots-clés, les signets et votre historique de navigation contenant les mots-clés et, enfin, des commandes à effectuer avec vos mots-clés. Utilisez les flèches du clavier pour vous déplacer dans la liste, puis appuyez sur la touche **Entrée** pour valider l'élément sélectionné. Vous pouvez aussi cliquer directement sur la proposition qui vous intéresse. Au bas de la liste sont affichées les recherches récentes que vous avez effectuées. Vous avez également la possibilité de rechercher les mots-clés dans la page affichée.

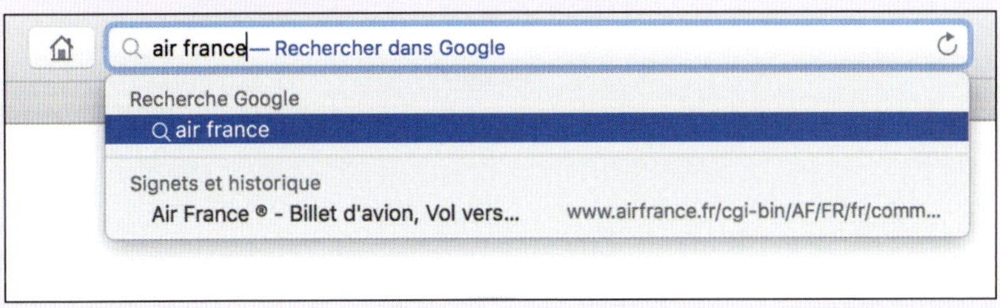

3 Après avoir sélectionné l'une des suggestions ou saisi vos mots-clés, lancez la recherche en appuyant sur **Entrée**. Google effectue la recherche de vos mots-clés et affiche une page de résultats. Notez que les résultats dans la partie supérieure peuvent être des annonces publicitaires, comme l'indique l'étiquette Annonce.

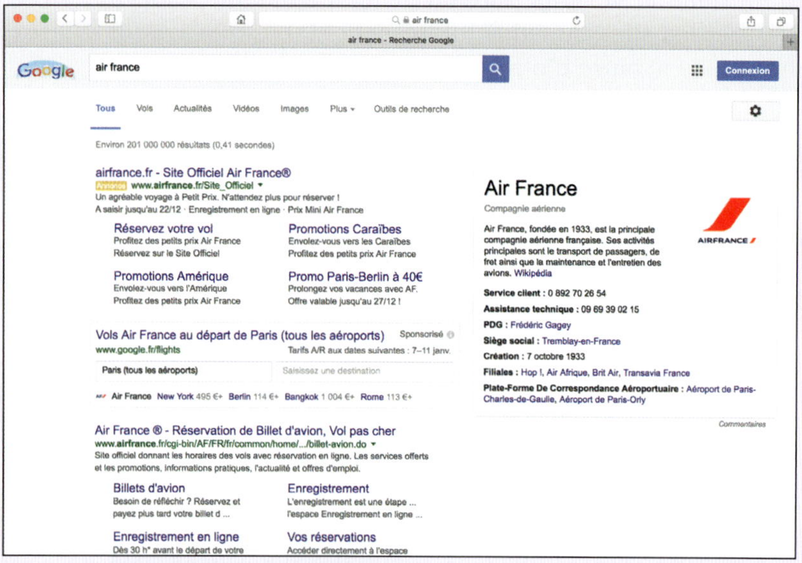

4 Pour afficher l'une des pages présentes dans les résultats de recherche, cliquez sur le lien correspondant. Au bas de la page de résultats de Google, vous trouvez généralement une liste de numéros qui correspond aux différentes pages de résultats. Vous pouvez accéder directement à une page en cliquant sur son numéro ou parcourir les pages en cliquant sur les liens **Suivant** et **Précédent**. Le chiffre en caractère gras, non souligné, indique le numéro de la page affichée.

Y a pas plus malin !

Changez de moteur de recherche

Par défaut, l'outil de recherche intégré à Safari utilise le moteur de recherche Google (que nous vous présentons par la suite). Pour en changer, cliquez sur **Safari → Préférences** et sélectionnez-en un dans la liste **Moteur de recherche par défaut** de l'onglet **Général**. Outre Google, vous pouvez choisir Yahoo!, Bing ou DuckDuckGo.

Saisissez une adresse Web

Lorsque vous connaissez l'adresse de la page Web que vous souhaitez afficher – vous l'avez trouvée dans un magazine, par exemple –, il vous suffit de la saisir dans la barre d'adresses. Si vous trouvez une adresse sur un site Web ou si une personne vous envoie l'adresse d'un site par courriel, elle apparaît généralement sous la forme d'un lien : il suffit alors de cliquer dessus pour afficher la page concernée.

Y a pas plus pratique !

Saisissez une adresse de page Web

1. Cliquez dans la barre d'adresses (ou appuyez sur les touches **Cmd + L**).

2. Appuyez sur **Eff** pour effacer l'adresse existante (vous pouvez aussi triple-cliquer pour sélectionner la totalité de l'adresse existante ou appuyer sur les touches **Cmd + A**).

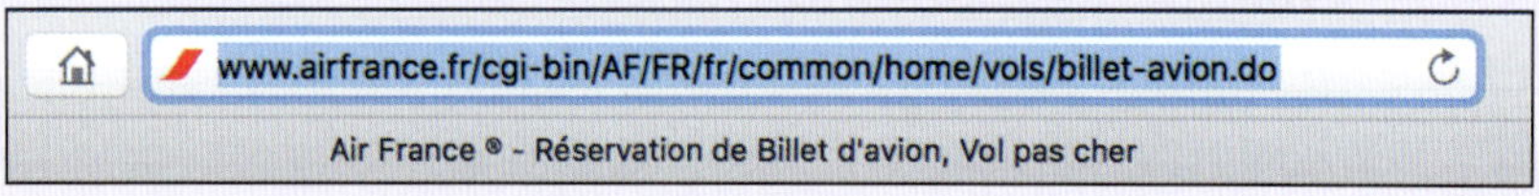

3. Saisissez l'adresse de la page Web que vous souhaitez visiter. Si la totalité de l'adresse existante est sélectionnée, vous n'êtes pas obligé de l'effacer avant de saisir la nouvelle adresse.

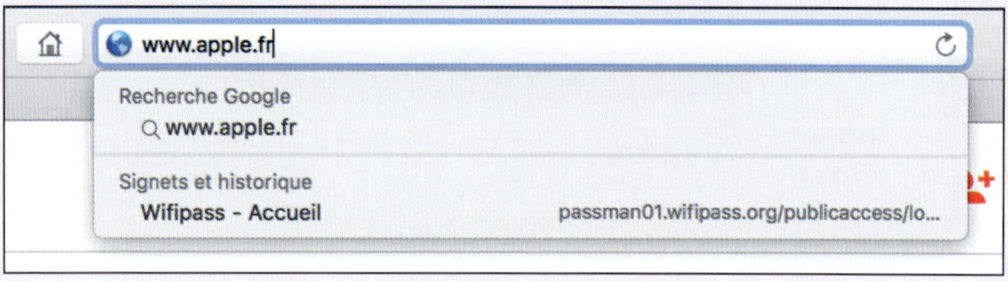

4. Appuyez sur **Entrée**. La page Web s'affiche.

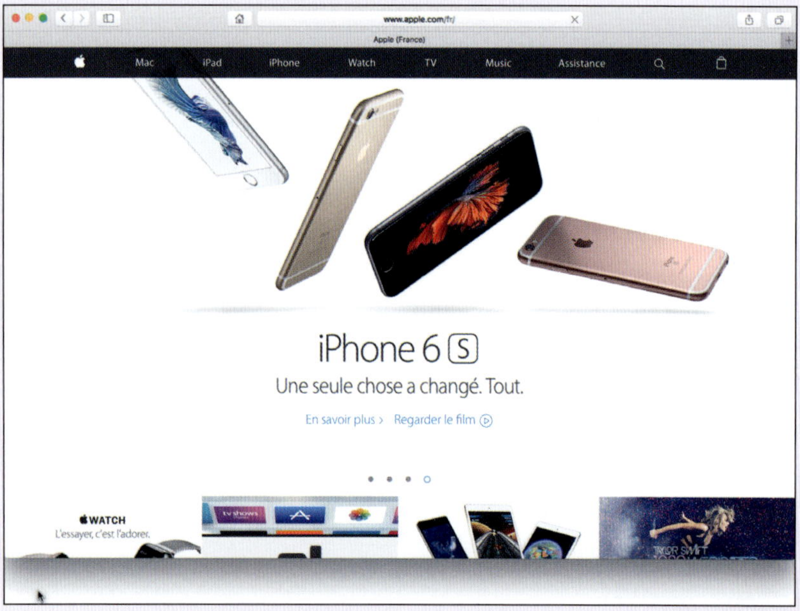

Y a pas plus malin !

Simplifiez-vous la saisie

Vous n'êtes pas obligé de saisir la partie *http://* d'une adresse : Safari l'ajoute tout seul. En revanche si l'adresse que l'on vous indique commence par autre chose que *http://*, par *ftp://* par exemple, vous devez saisir cette partie.

Y a pas plus malin !

Horreur ! Une erreur !

Il arrive parfois que le navigateur vous affiche une page d'erreur à la place de la page souhaitée. Très souvent, il s'agit d'une erreur « 404 », qui indique que la page demandée n'existe pas. Vérifiez l'adresse que vous avez saisie, mais sachez que des pages peuvent disparaître (les auteurs les retirent). Dans ce cas, vous ne pouvez plus les voir.

Utilisez le bouton Lecteur

Lorsque vous affichez certains sites Web, le bouton **Lecteur**, une icône représentant des lignes de texte à gauche de la barre d'adresses, s'active (c'est le cas, par exemple, avec les pages de Wikipédia).

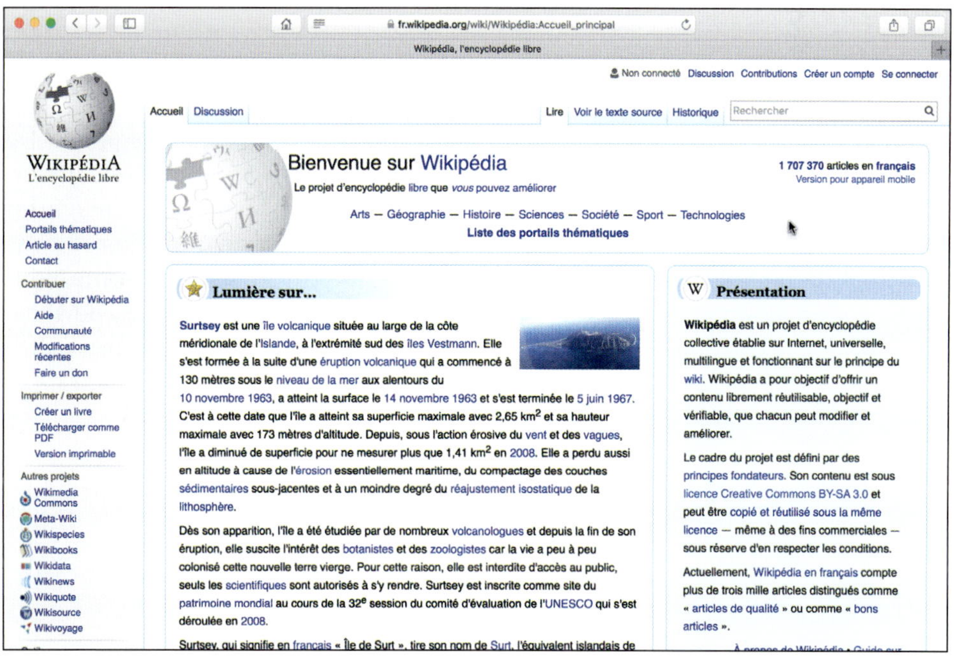

En cliquant sur ce bouton, vous affichez une version de la page Web dépouillée des différents menus de navigation. La page obtenue contient un texte qui ressemble à celui conçu pour les liseuses (les appareils pour lire les livres électroniques), plus facile à lire que le texte de la page Web standard. Pour sortir du mode Lecteur, appuyez sur la touche **Esc** ou cliquez de nouveau sur le bouton **Lecteur**.

Affichez un moteur de recherche

Les sections suivantes indiquent comment naviguer dans une page Web et comment modifier la page d'accueil de votre navigateur (la page qui s'affiche lorsque vous démarrez Safari ou ouvrez une nouvelle fenêtre). Pour cela, nous allons utiliser le moteur de recherche Google. Commencez par afficher la page d'accueil de Google dont l'adresse est `http://www.google.fr`. Comme vous l'avez vu précédemment, il suffit de cliquer dans la barre d'adresses, de saisir `www.google.fr` à la place de l'adresse existante, puis d'appuyer sur **Entrée**.

Y a pas plus pratique !

Effectuez une recherche avec Google

1 Dans la page d'accueil de Google, saisissez vos mots-clés, `Apple` par exemple. À mesure que vous saisissez vos mots-clés, Google affiche une liste de propositions, mais également une liste de résultats instantanée. Lorsque vous avez terminé votre saisie, appuyez sur la touche **Entrée**.

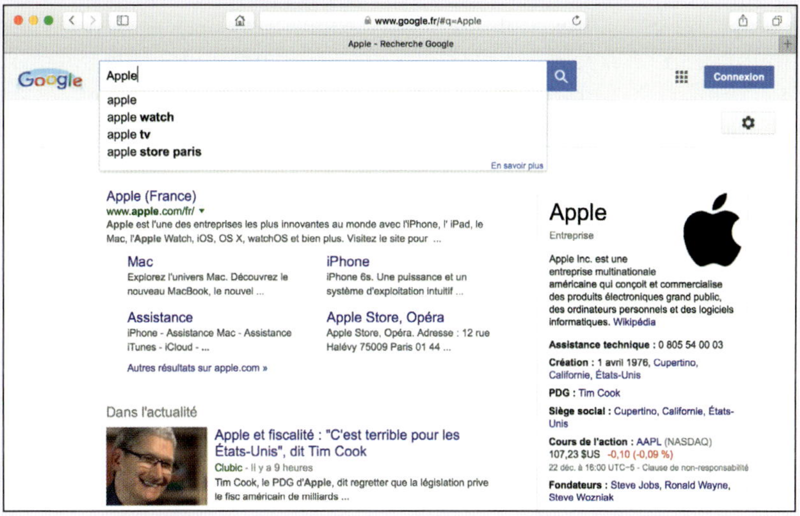

2. Une page de résultats s'affiche (vous obtenez la même chose qu'avec l'outil de recherche intégré dans la barre d'outils).

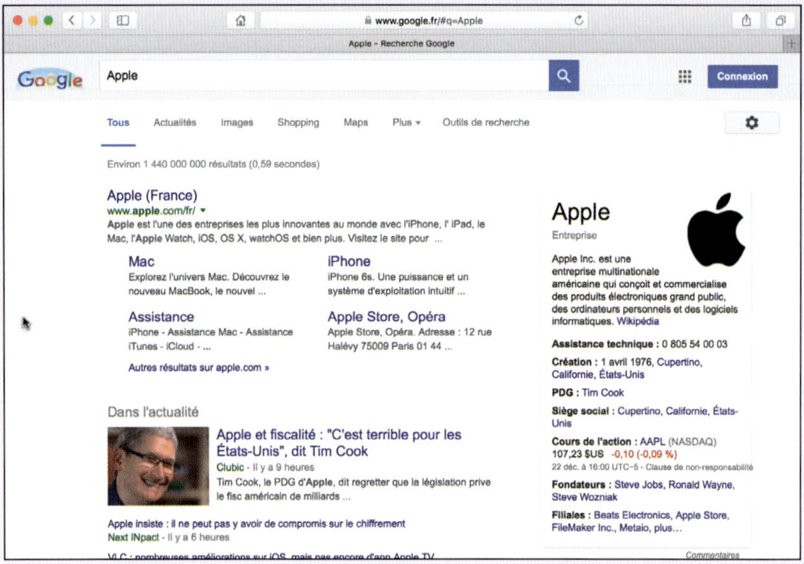

Suivez les liens dans une page Web

Vous avez appris à afficher une page Web en saisissant son adresse et vous savez aussi comment effectuer une recherche afin d'obtenir des pages de résultats. Vous allez voir maintenant comment naviguer sur le Web. Le principe est très simple : il vous suffit de cliquer sur un lien afin d'afficher la page correspondante.

Y a pas plus pratique !

Suivez un lien

1. Placez le pointeur de la souris sur le lien. Généralement, il s'agit d'un texte bleu souligné. Si vous avez effectué une recherche à l'aide de Google, placez le pointeur de la souris sur le premier résultat (dans mon exemple, il s'agit de **Apple.com**) et cliquez.

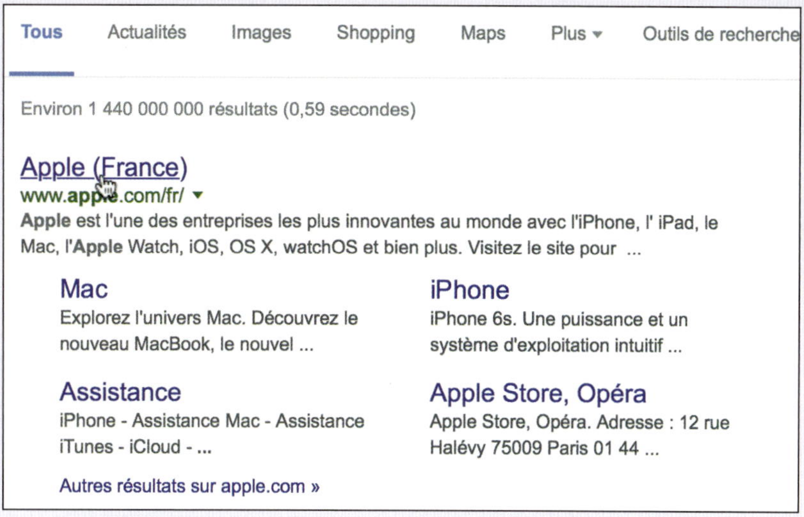

2. La page correspondant au lien s'affiche. Cette page contient de nombreux autres liens que vous pouvez suivre pour continuer votre navigation sur Internet. Safari propose aussi des outils pour parcourir les pages que vous avez déjà affichées, comme nous le verrons dans les sections suivantes.

Y a pas plus malin !

Repérez les liens

Sur certains sites, il est parfois difficile de trouver les liens : le texte des liens est de la même couleur que le texte normal ou encore les liens sont des images. Pour les repérer, observez le pointeur de la souris à l'écran : lorsqu'il passe sur un lien, il se transforme en main.

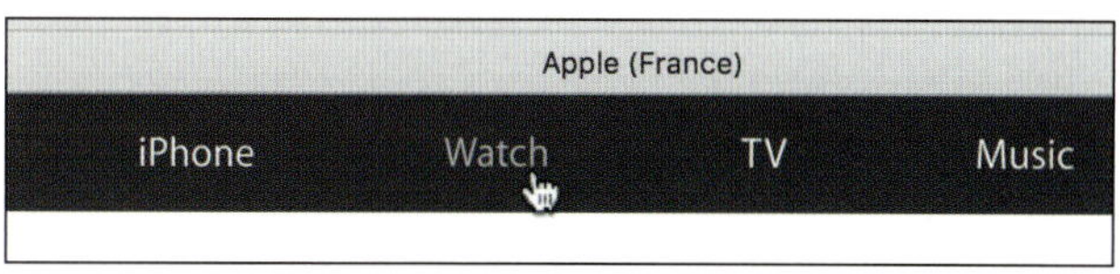

Affichez les pages précédentes et suivantes

Lorsque vous naviguez de page en page, vous pouvez revenir sur des pages que vous avez visitées lors de la session en cours.

Y a pas plus pratique !

Naviguez de page en page

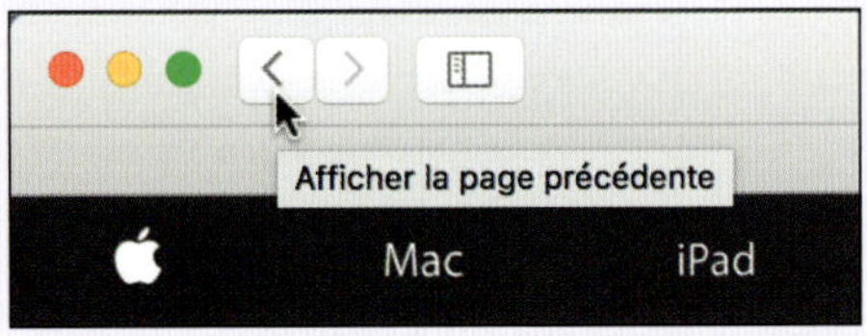

Reculez d'une page. Cliquez sur le bouton **Page précédente** (le bouton avec la flèche vers la gauche). La page que vous avez visitée précédemment s'affiche.

Reculez de plusieurs pages. Cliquez sur le bouton **Page précédente** et maintenez le bouton de la souris enfoncé jusqu'à l'ouverture d'un menu. La liste des pages que vous avez visitées s'affiche. Cliquez sur la page que vous souhaitez afficher.

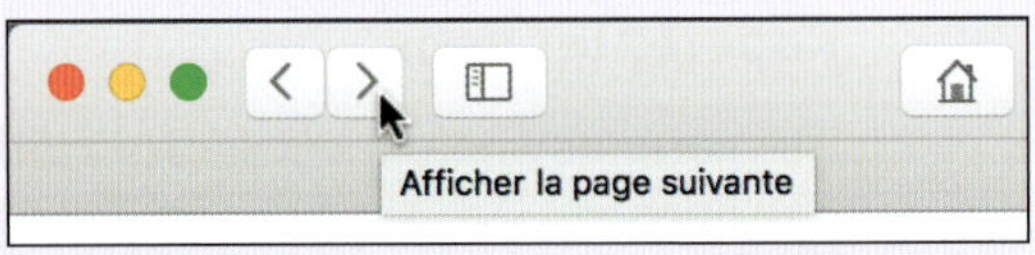

Avancez d'une page. Cliquez sur le bouton **Page suivante**. La page suivante s'affiche. Si vous êtes sur la dernière page que vous avez visitée, le bouton Page suivante est inactif.

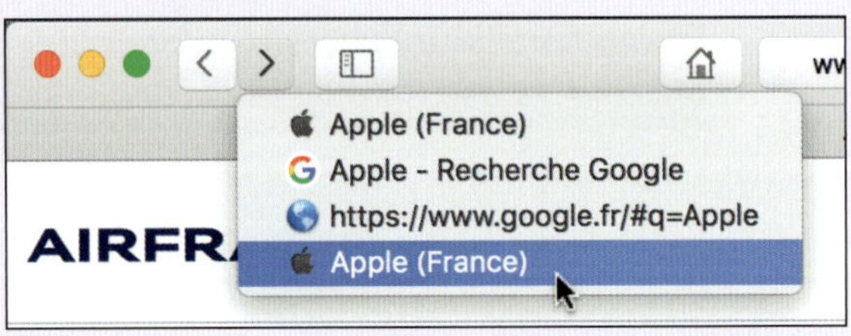

Avancez de plusieurs pages. Cliquez sur le bouton **Page précédente** et maintenez le bouton de la souris enfoncé jusqu'à l'ouverture d'un menu. La liste des pages que vous avez visitées s'affiche. Cliquez sur la page que vous souhaitez afficher.

Ouvrez une page dans un onglet

Vous travaillerez plus facilement avec plusieurs pages Web ou plusieurs sites en ouvrant chacune des pages dans son propre onglet ou dans sa propre fenêtre.

Y a pas plus clair !

Onglets et fenêtre

Les **onglets** sont identiques aux onglets de classeurs. Ils se trouvent dans la partie supérieure de la fenêtre de Safari et vous cliquez sur l'onglet correspondant à la page que vous souhaitez afficher. La croix qui apparaît à gauche de l'onglet, lorsque vous placez le pointeur de souris dessus, permet de fermer l'onglet.

Lorsque vous ouvrez des pages dans des fenêtres séparées, comme vous l'aurez compris, chaque page possède sa propre fenêtre. C'est pratique si vous voulez mettre côte à côte deux fenêtres pour en comparer le contenu.

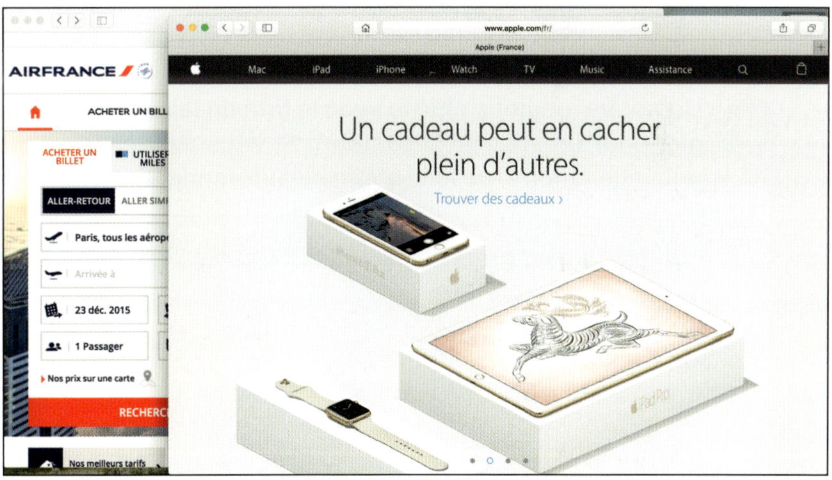

Y a pas plus pratique !

Ouvrez une page Web dans un onglet ou une nouvelle fenêtre

1 Ctrl-cliquez sur le lien à ouvrir. Dans le menu contextuel qui s'affiche, cliquez sur **Ouvrir le lien dans un nouvel onglet** ou sur **Ouvrir le lien dans une nouvelle fenêtre**.

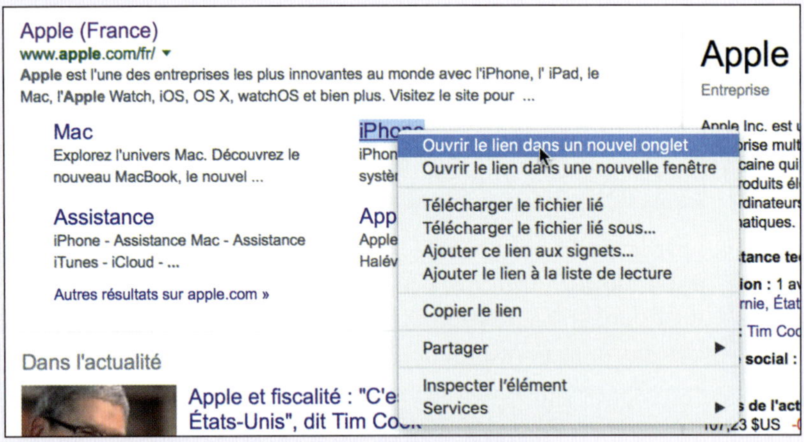

2 Un nouvel onglet s'affiche avec le titre de la page. Cliquez sur l'onglet pour en afficher le contenu. Si vous avez choisi d'ouvrir une nouvelle fenêtre, celle-ci s'affiche automatiquement.

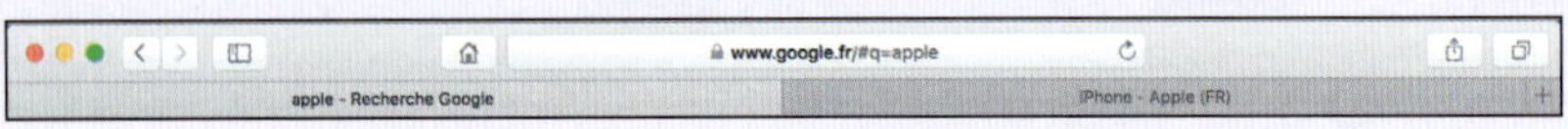

Y a pas plus pratique !

Créez un nouvel onglet

1 Cliquez sur **Fichier → Nouvel onglet**. Vous pouvez aussi cliquez sur **+**, tout à droite de la barre des onglets.

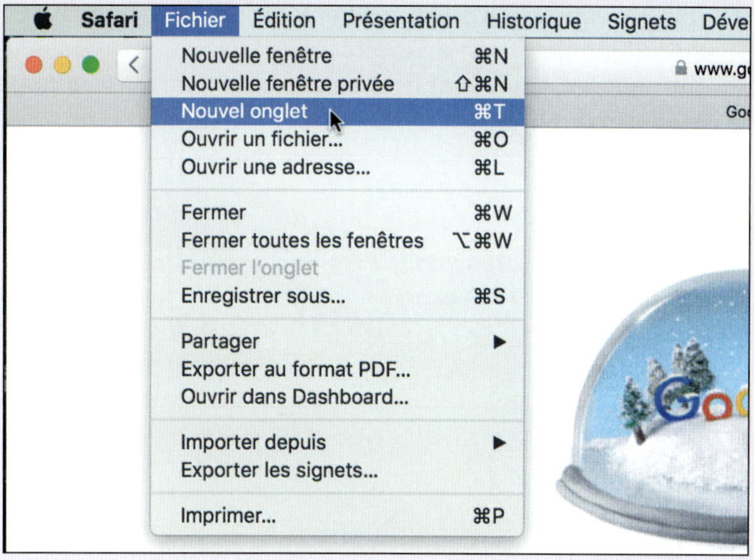

2 Safari crée un nouvel onglet. Saisissez l'adresse de la page à afficher dans le nouvel onglet. Appuyez sur **Entrée**. Safari affiche la page dans l'onglet.

Y a pas plus pratique !

Parcourez les onglets

1 Cliquez sur le bouton le plus à droite sur la même ligne que la barre de recherche intelligente.

2 Tous les onglets s'affichent dans la fenêtre de Safari. Pour afficher un onglet dans la fenêtre de Safari, cliquez dessus. Pour fermer tous les onglets et revenir à la page en cours, appuyez sur la touche **Esc**.

Gérez les signets

Pour gagner du temps en vous épargnant de saisir les adresses de pages Web, vous pouvez enregistrer, sous forme de signets dans Safari, les pages que vous visitez régulièrement. Un simple clic vous permet ensuite d'afficher les pages mémorisées. La barre de signets placée au-dessous de la barre d'adresses donne un accès rapide à vos sites favoris. L'espace dans cette barre étant limité, vous placerez les adresses de pages Web que vous utilisez le plus souvent. Toutefois, il est possible de placer des dossiers et des sous-dossiers dans cette barre.

Y a pas plus pratique !

Manipulez les signets

Deux boutons permettent de manipuler rapidement les signets :

Le bouton **Partager** (placé à droite de la barre de recherche intelligente) permet d'ouvrir un menu qui contient la commande **Ajouter un signet** (cette commande apparaît également dans le menu **Signets**).

Le bouton **Afficher la barre latérale** (la commande équivalente est **Signets ➜ Afficher les signets**) permet d'afficher les signets.

Y a pas plus malin !

Liste de lecture

Quand vous affichez le volet latéral, le bouton **Afficher la liste de lecture** (le bouton avec des lunettes) permet d'afficher toutes les pages que vous avez placées dans votre liste de lecture. Cette liste contient les pages que vous trouvez intéressantes mais que vous n'avez pas le temps de lire. Vous mettez l'adresse de côté pour lire ses pages plus tard. De plus, cette liste se synchronise avec votre iPhone ou votre iPad afin de vous permettre de consulter les pages sur vos appareils mobiles. Pour ajouter une page dans la liste de lecture, cliquez sur le bouton **+** qui apparaît quand vous placez le pointeur de la souris dans la barre de recherche intelligente.

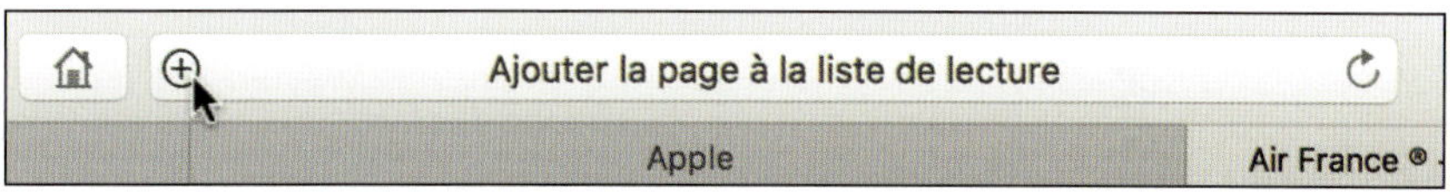

Y a pas plus pratique !

Ajoutez un signet

1. Affichez la page Web que vous voulez mémoriser. Cliquez sur le bouton **Partager** puis sélectionnez **Ajouter un signet**. Vous pouvez aussi utiliser le menu **Signets → Ajouter un signet**, ou employer le raccourci clavier **`Cmd + D`**. La boîte de dialogue Ajouter aux signets s'affiche.

2 Cliquez sur la liste déroulante, puis cliquez sur l'emplacement où vous souhaitez mémoriser le signet. Notez que la Liste de lecture est un dossier de signets.

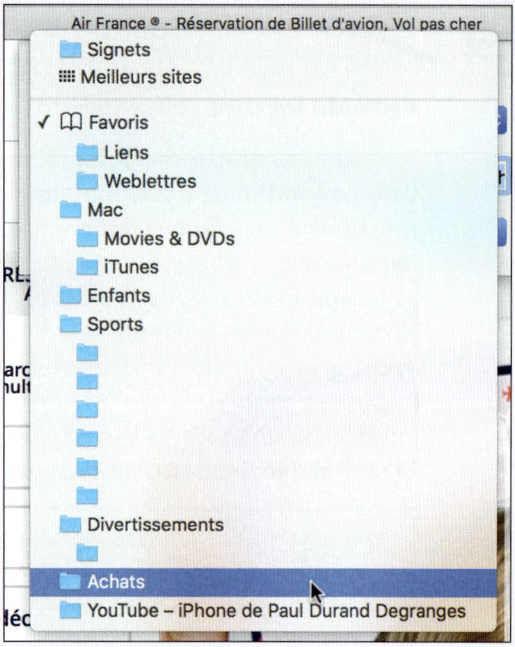

3 Si vous le souhaitez, modifiez le nom de la page. Il s'agit du libellé qui s'affiche pour le signet. Cliquez sur **Ajouter**.

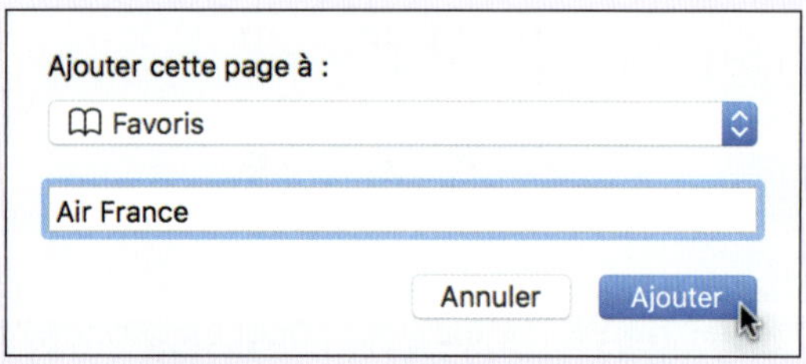

4 Safari ajoute un signet pour la page.

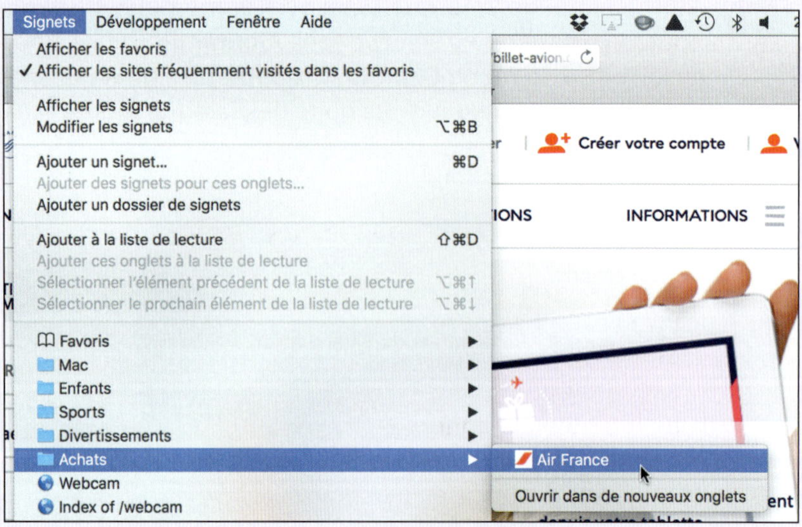

Y a pas plus malin !

Ajoutez un dossier pour vos signets

Cliquez sur **Signets → Ajouter un dossier de signets**. Le volet des signets s'ouvre et un nouveau dossier se crée. Nommez-le et appuyez sur **Entrée**.

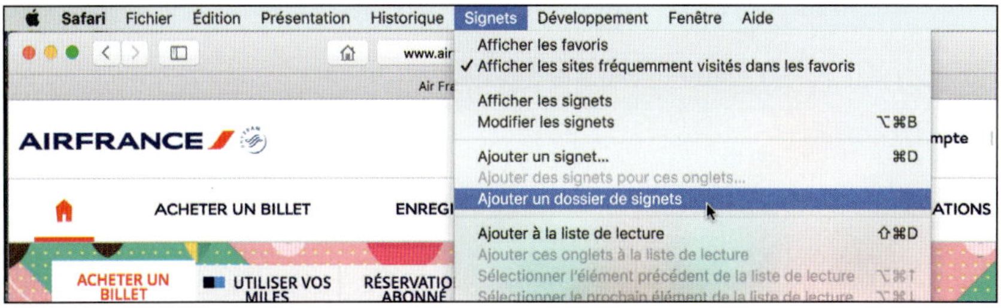

Y a pas plus malin !

Supprimez un signet

Pour supprimer un signet de la barre des signets, Ctrl-cliquez dessus, puis choisissez **Effacer** dans le menu qui s'affiche. Pour tous les autres signets, cliquez sur **Afficher tous les signets** afin d'ouvrir le volet Signets. Recherchez le signet à supprimer, Ctrl-cliquez dessus puis choisissez **Effacer**. Supprimez un dossier de la même manière.

Y a pas plus pratique !

Affichez un signet

Vous disposez de trois façons de procéder pour afficher un signet :

- Si vous avez ajouté un signet à la barre de signets, cliquez sur ce signet. Si vous avez ajouté un signet dans un dossier, cliquez sur le dossier puis sur le signet.

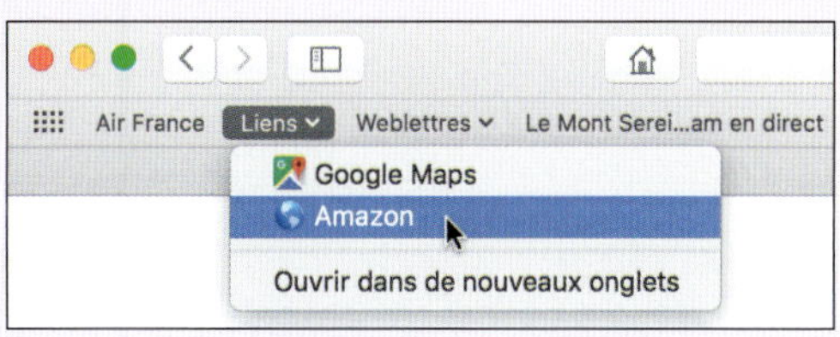

- Ouvrez le menu **Signets**, puis cliquez sur le signet, après avoir ouvert le dossier dans lequel il se trouve si nécessaire.

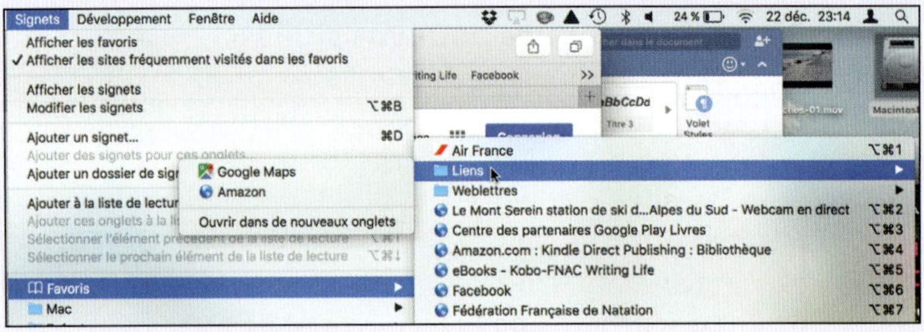

- Cliquez sur le signet à ouvrir. S'il se trouve dans un dossier, cliquez sur ce dernier pour l'ouvrir afin d'afficher le signet. La page Web s'affiche.

Y a pas plus pratique !

Changez la page d'accueil

Si la page d'accueil choisie par Apple ne vous convient pas, sachez que vous pouvez en changer très rapidement.

1. Affichez la page de votre choix dans Safari. Google est généralement choisi comme page d'accueil. La fonction **Top Sites** de Safari, qui affiche l'ensemble des sites que vous visitez le plus souvent, peut aussi faire office de page de démarrage (dans ce cas, il n'est pas nécessaire d'afficher une page précise).

2. Choisissez **Safari → Préférences**.

3 Dans la boîte de dialogue qui s'affiche, cliquez sur l'onglet **Général**.

4 Pour utiliser la page affichée dans Safari, cliquez sur **Utiliser la page active**. Vérifiez que le menu **Les nouvelles fenêtres s'ouvrent** indique **La page d'accueil**. Vous pouvez aussi modifier le contenu des nouveaux onglets de la même manière. Si vous souhaitez afficher les sites que vous consultez le plus, choisissez **Top Sites** à la place. Notez que vous pouvez aussi saisir l'adresse de la page Web que vous voulez utiliser comme page d'accueil ; dans ce cas, inutile d'afficher la page au préalable.

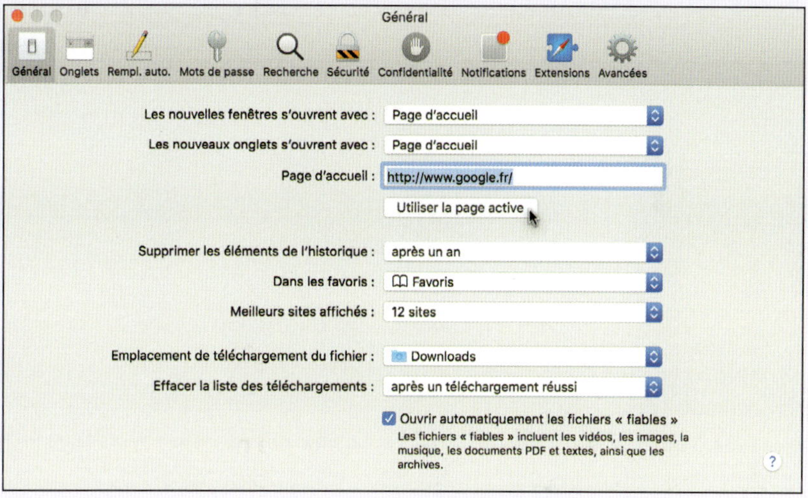

5 Fermez la fenêtre en cliquant dans sa case de fermeture.

Réglez Safari à votre convenance

Vous avez appris précédemment à ouvrir la boîte de dialogue Préférences de Safari (**Safari → Préférences**). Dans cette boîte de dialogue, des onglets (la barre d'icônes placée dans la partie supérieure) vous permettent de configurer différents paramètres du logiciel. Généralement, à part la page d'accueil, on ne modifie pas les valeurs par défaut. Vous pouvez parcourir les différents onglets et, si vous avez besoin d'informations sur le contenu d'un onglet, cliquez sur le point d'interrogation placé en bas à droite de la boîte de dialogue pour afficher une page d'aide.

Y a pas plus clair !

Préférences d'un logiciel

La plupart des logiciels possèdent une option **Préférences** dans le menu au nom du logiciel (comme **Safari → Préférences**) qui donne accès aux paramètres du logiciel.

Chapitre 5

Échangez du courriel avec Mail

Vous avez vu dans le chapitre précédent comment naviguer sur le Web pour profiter des quantités inimaginables de ressources disponibles. Dans ce chapitre, vous allez découvrir comment utiliser Mail, le logiciel de messagerie du Mac. Vous l'utiliserez pour gérer les courriers électroniques.

- Découvrez Mail, la messagerie du Mac
- Configurez votre compte de messagerie
- Envoyez un courriel
- Recevez et lisez des courriels
- Sécurisez le courriel
- Répondez à un courriel

Découvrez la messagerie du Mac

Mail est le programme de messagerie livré avec Mac OS X, c'est donc avec ce logiciel que vous rédigez, expédiez et recevez votre courrier électronique. Mail fonctionne également en symbiose avec l'application Contacts, le carnet d'adresses de Mac OS X (chapitre 7), dans lequel vous stockez les adresses de courriel de vos correspondants. Dans vos courriels, vous avez également la possibilité de joindre des fichiers à vos messages, par exemple, pour partager des photos avec vos proches.

Pour démarrer Mail, cliquez deux fois sur son icône depuis le dossier Applications, ou une fois depuis le Dock ou LaunchPad. Pour rappel, vous accédez au dossier Applications en cliquant sur **Aller → Applications** dans le Finder et vous ouvrez LaunchPad en cliquant sur son icône dans le Dock.

Lorsque vous démarrez Mail pour la première fois, le programme pose une série de questions afin de configurer votre compte de messagerie. Pour répondre à ces questions, consultez la section « Configurez votre compte de messagerie », par la suite dans ce chapitre.

Y a pas plus pratique !

Découvrez la fenêtre de Mail

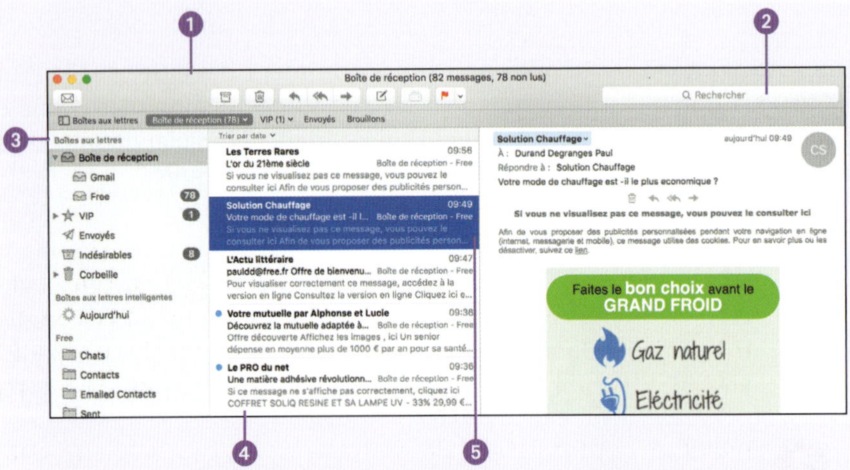

1. **Barre d'outils**. La barre d'outils de Mail offre des boutons permettant d'exécuter les commandes les plus fréquemment utilisées.

2. **Champ Rechercher**. Vous utilisez ce champ pour effectuer des recherches dans vos courriels.

3. **Liste des boîtes aux lettres**. Vous trouvez ici la liste des dossiers dans lesquels Mail stocke les différents courriels (si la liste est masquée, cliquez sur le bouton **Afficher,** ce dernier devient Masquer pour masquer la liste).

4. **Liste des messages**. Affiche la liste des courriels du dossier sélectionné (Boîte de réception, Messages envoyés, *etc.*).

5. **Visualiseur de Mail**. Affiche le contenu du courriel sélectionné dans la liste des messages.

Configurez votre compte de messagerie

Avant de configurer votre compte de messagerie dans Mail, vous avez besoin de connaître le nom de votre compte, son mot de passe et l'adresse du serveur de messagerie. Ces informations vous sont fournies par votre FAI (fournisseur d'accès Internet). Lorsque vous avez ces informations en main, vous pourrez renseigner les différentes boîtes de dialogue qui s'affichent lors de la création d'un compte.

Y a pas plus pratique !

Configurez un compte

Lorsque vous démarrez Mail pour la première fois, vous obtenez une série de questions permettant de configurer votre compte de messagerie. Vous pouvez à tout instant afficher de nouveau l'assistant de configuration en cliquant sur **Mail → Ajouter un compte**.

1. Indiquez le fournisseur de compte Mail. Pour créer un compte avec une adresse de messagerie qui n'est pas listée (par exemple, Bouygues, Free ou Orange), cliquez sur **Autre compte Mail**, puis cliquez sur **Continuer**.

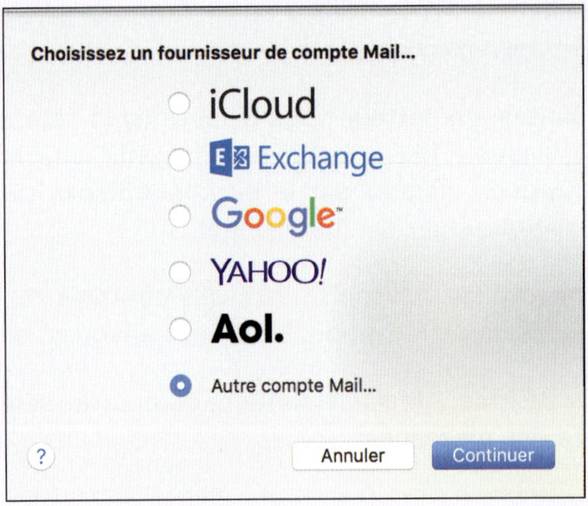

2. Dans le premier écran, saisissez votre nom (ou un pseudo si vous préférez), votre adresse de courrier électronique et votre mot de passe. Cliquez sur **Se connecter**.

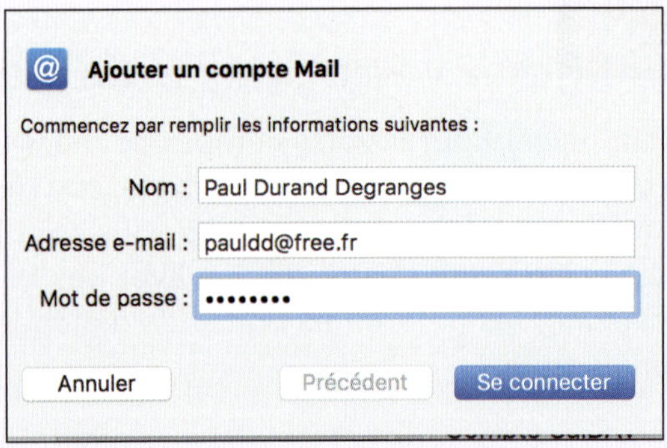

3. Mail tente de configurer automatiquement votre compte de messagerie. S'il n'y parvient pas, une nouvelle fenêtre s'affiche. Utilisez le menu local pour indiquer le type de messagerie (POP ou IMAP). Saisissez ensuite l'adresse de votre serveur de réception (du type `pop.orange.fr`) et du serveur d'envoi (du type `smtp.orange.fr`). Cliquez sur **Se connecter**. Notez qu'en fonction du type de compte, d'autres informations peuvent être demandées. Rappelez-vous que toutes ces informations vous sont données par votre FAI.

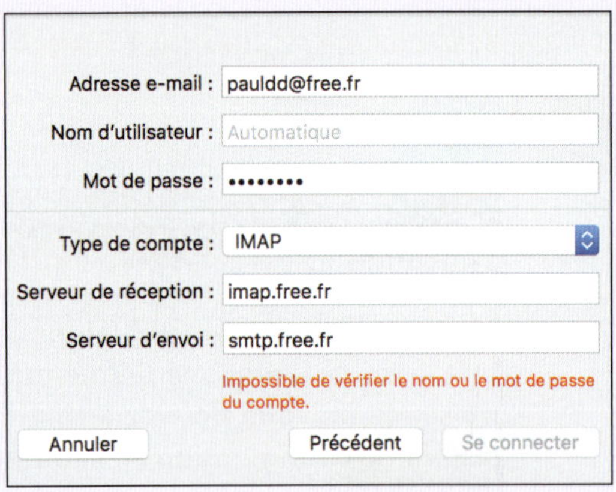

4 Indiquez les applications du compte que vous souhaitez utiliser. Là encore, l'écran varie en fonction de votre fournisseur de messagerie. Cliquez sur **Terminé**.

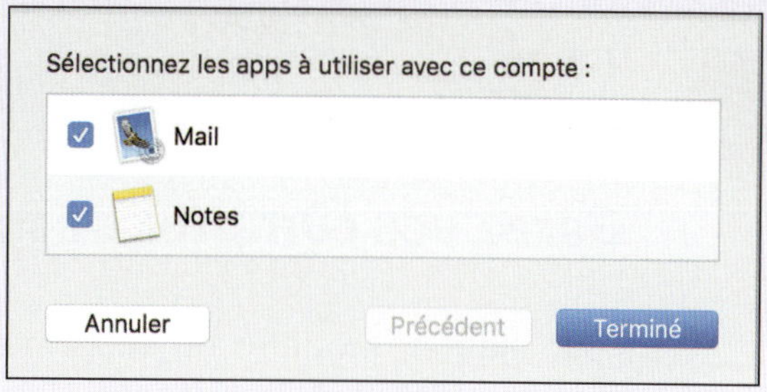

Y a pas plus clair !

Le webmail

La majorité des FAI (fournisseurs d'accès à Internet) et des sociétés qui offrent des adresses de messagerie électronique proposent un accès à la messagerie à l'aide du webmail. Il s'agit en fait d'accéder à une page Web spéciale qui vous offre toutes les fonctions d'un logiciel de messagerie tel que Mail, présenté dans ce chapitre. C'est extrêmement pratique pour consulter son courrier à partir de n'importe quel ordinateur possédant une connexion Internet. Certaines personnes préfèrent utiliser ces services sur le Web plutôt que d'utiliser un logiciel de messagerie. Dans ce cas, il n'est pas nécessaire de configurer et d'utiliser Mail.

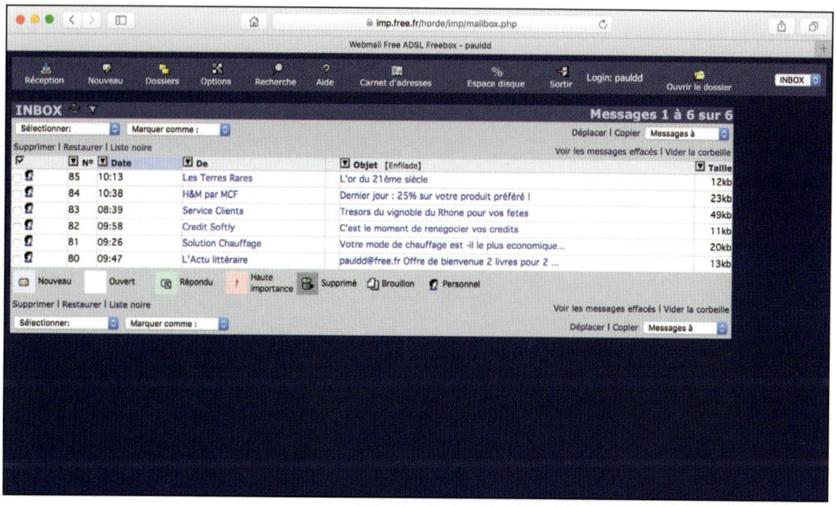

Y a pas plus pratique !

Gérez vos comptes de messagerie

Pour ajouter, modifier ou supprimer un compte de messagerie, cliquez sur **Mail → Préférences**. Dans la boîte de dialogue qui s'affiche, cliquez sur **Comptes**. Pour modifier les informations d'un compte, sélectionnez-le puis changez les informations dans la partie de droite de la fenêtre en cliquant sur les onglets pour accéder à l'ensemble des informations. Pour supprimer un compte, sélectionnez-le puis cliquez sur le bouton **-**, placé en bas à gauche de la fenêtre. Vous ajoutez un compte en cliquant sur le bouton **+** , puis en indiquant les informations du compte dans la partie de droite de la fenêtre.

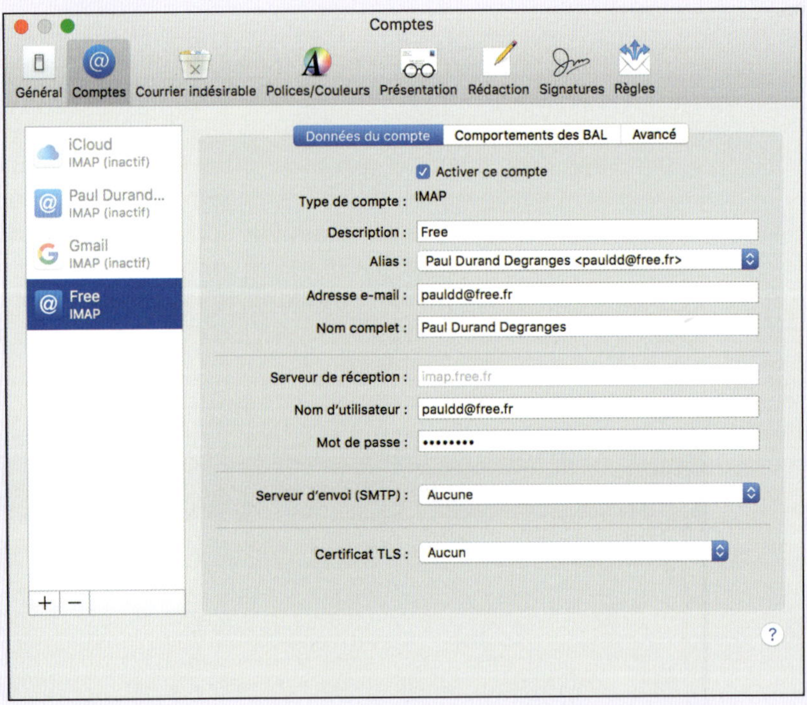

Y a pas plus clair !

Comptes de messagerie

Vous pouvez posséder plusieurs comptes de messagerie et les utiliser à partir de Mail. Souvent les FAI permettent de créer des comptes supplémentaires (pour chaque membre de la famille), mais vous pouvez aussi utiliser des services tels que Google Mail ou Yahoo! Mail pour créer un nouveau compte. De plus, Apple propose un service appelé iCloud qui vous permet, entre autres, d'obtenir gratuitement une adresse électronique.

Y a pas plus malin !

Préférences Comptes Internet

Il existe une autre solution pour configurer rapidement vos comptes de messagerie. Pour cela, cliquez sur l'icône **Préférences Système** dans le Dock (ou choisissez **Pomme → Préférences Système**), puis cliquez sur l'icône **Comptes Internet**. Vous obtenez une fenêtre avec laquelle vous pouvez afficher les comptes existants ou en ajouter de nouveau.

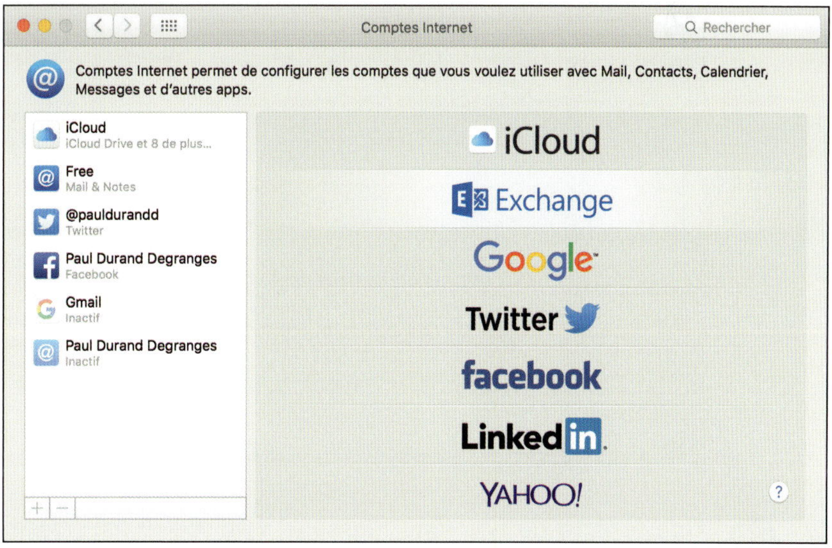

Envoyez un message

Lorsque vous démarrez Mail, le programme récupère automatiquement tous vos nouveaux courriels. Si vous venez de prendre votre abonnement Internet, il est peu probable que vous ayez beaucoup de courriels de la part de vos connaissances. Toutefois, vous aurez certainement des messages de votre FAI pour vous souhaiter la bienvenue et vous donner quelques informations pratiques. Vous pouvez donc envoyer des courriels à vos proches pour leur indiquer votre adresse de messagerie électronique et, mieux, pour faire des essais avec Mail, vous pouvez vous envoyer un message.

Y a pas plus pratique !

Créez et envoyez un message

1. Cliquez sur **Fichier → Nouveau message**, vous pouvez aussi appuyer sur les touches `Cmd + N`, ou encore cliquez sur l'icône **Rédiger un nouveau message** de la barre d'outils.

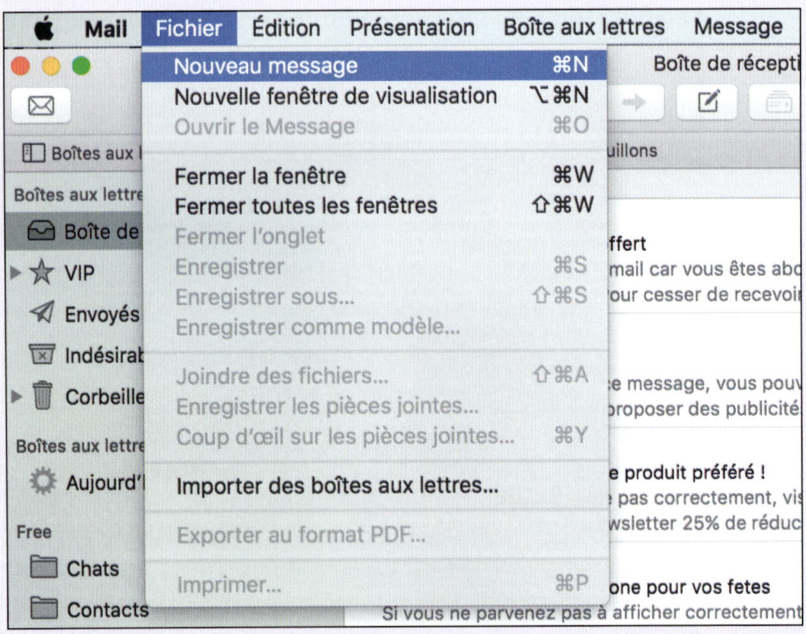

2. Une fenêtre de nouveau message s'affiche. Il est possible d'utiliser des modèles pour égayer vos messages. Pour en obtenir la liste, cliquez sur le bouton **Afficher ou masquer la sous-fenêtre**

des modèles (pour fermer les modèles, cliquez de nouveau sur ce bouton). Pour revenir à un message sans modèle, cliquez sur la catégorie Pa**pier à lettres**, puis choisissez **Original**.

3 Lorsque vous avez choisi un modèle qui vous intéresse, vous utilisez vos propres photos pour l'illustrer. Pour cela, vous faites glisser les photos dans les espaces réservés. Cliquez sur le bouton **Afficher ou masquer le navigateur de photos** pour afficher le contenu de votre photothèque iPhoto.

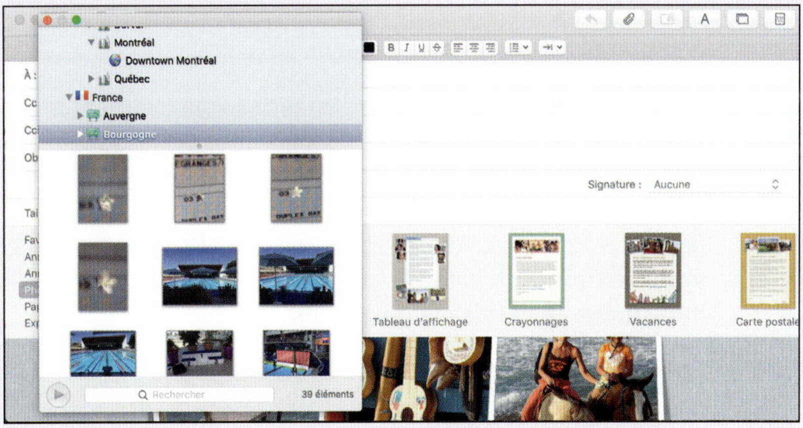

4 Si nécessaire, cliquez dans le champ **À** pour y placer le curseur clignotant. Saisissez l'adresse du destinataire du courriel. Pour faire parvenir votre message à plusieurs destinataires, entrez leur adresse dans ce champ en les séparant par des virgules ou introduisez ces adresses dans le champ **Cc**. Si vous ne savez pas à qui envoyer un message de test, n'hésitez pas à m'écrire à l'adresse `paul.durand-degranges@wanadoo.fr`.

5 Introduisez, dans le champ Objet, l'objet de votre message. Il s'agit d'indiquer en quelques mots le contenu du message afin que le destinataire puisse savoir rapidement de quoi il en retourne avant d'en lire le contenu. Par exemple, indiquez « Invitation pour le week-end prochain » plutôt que « Coucou », c'est plus parlant et plus engageant.

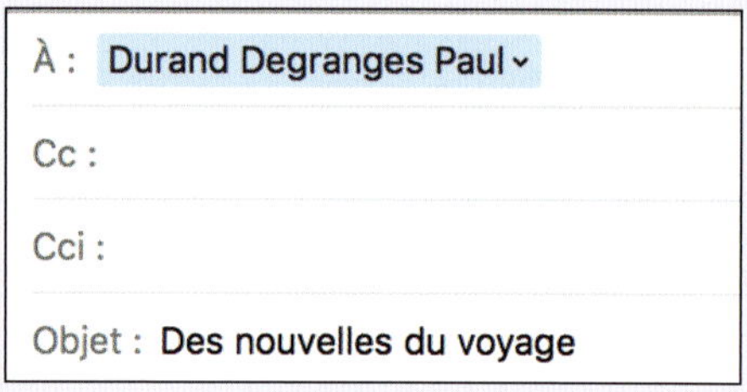

6 Si vous avez choisi un modèle vierge, cliquez dans la grande zone d'édition du bas et tapez-y votre message. Si vous avez choisi un modèle, cliquez les zones de texte réservées pour modifier le texte qui s'y trouve.

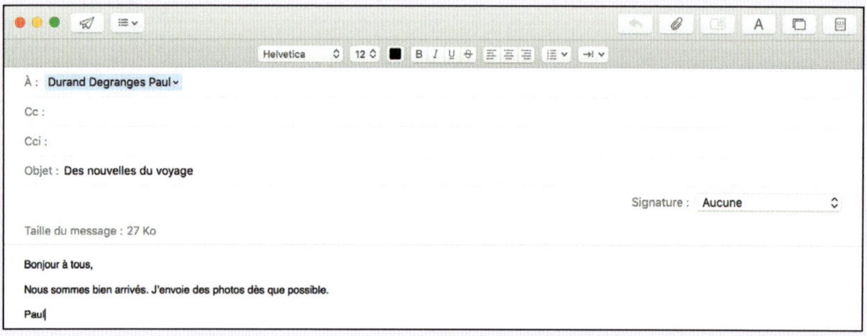

7 Lorsque vous saisissez votre message, la vérification orthographique est active. Si cela vous dérange, vous pouvez désactiver cette fonction en cliquant sur **Édition → Orthographe et grammaire → Vérifier l'orthographe**, puis choisissez l'une des options dans le dernier sous-menu. Vous lancerez manuellement la vérification de votre texte en utilisant la commande **Édition → Orthographe et grammaire → Vérifiez le document**.

8 Pour expédier directement votre courriel, cliquez sur **Envoyer** (le bouton avec un avion en papier). Si vous n'avez pas terminé votre courriel et que vous deviez vous arrêter, vous pouvez le placer dans le dossier Brouillons. Il y restera tant que vous ne l'enverrez pas. Pour cela, cliquez sur **Fichier → Enregistrer comme brouillon** (ou appuyez sur les touches **`Cmd + S`**) avant de fermer la fenêtre du message. Ensuite, pour procéder à l'envoi, vous cliquez sur le dossier **Brouillons** puis vous double-cliquez sur le message à expédier pour l'ouvrir et vous cliquez sur le bouton **Envoyer**, après avoir éventuellement apporté des modifications.

Y a pas plus malin !

Les champs Cc et Cci

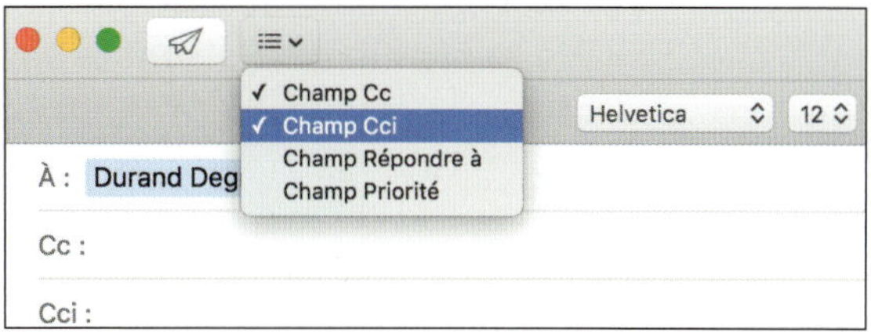

En dessous du champ **À**, vous voyez un champ nommé **Cc** (**Copie conforme** ou **Copie carbone**). Ce dernier permet de placer des adresses de destinataires à qui vous envoyez une copie du message. Ces destinataires ne sont pas directement concernés par le contenu de votre message, mais vous les tenez informés. Il existe un autre champ **Cci** (**Copie conforme invisible**), masqué par défaut, que vous pouvez afficher en cliquant sur le bouton de menu et en cochant l'option correspondante. Les destinataires que vous placez dans ce dernier champ reçoivent une copie du message, mais leur adresse de courriel reste invisible à tous les autres destinataires du message. Ainsi, si vous souhaitez envoyer un message à plusieurs destinataires qui ne se connaissent pas, vous pouvez ménager leur vie privée en masquant leur adresse : mettez votre propre adresse dans le champ À et placez les adresses des destinataires dans le champ Cci.

Relevez le courrier

Comme je vous l'ai indiqué précédemment, lorsque vous démarrez Mail, le programme relève automatiquement votre courrier. Vous devez savoir que les courriels que l'on vous envoie restent sur le serveur de votre FAI, tant que vous n'allez pas les récupérer. Si vous voulez lire les courriels que vous avez reçus, vous devez donc vous connecter à Internet et attendre que Mail récupère vos éventuels messages.

Y a pas plus pratique !

Relevez manuellement votre courrier

Mail est capable de relever le courrier à la demande ou de manière automatique, à intervalles réguliers.

Pour relever le courrier manuellement, effectuez l'une des actions suivantes :

- Cliquez sur **Boîte aux lettres ➜ Relever tout le courrier**.
- Appuyez sur les touches **`Cmd + Majuscule + N`**.
- Cliquez sur l'icône **Relever le courrier** de la barre d'outils.

Y a pas plus pratique !

Réglez la manière dont Mail relève le courrier

1 Pour que Mail relève le courrier automatiquement (ce qui ne vous empêche pas de le relever manuellement si vous êtes impatient lorsque vous attendez un message), cliquez sur **Mail ➜ Préférences**. Dans la fenêtre des préférences Mail qui s'ouvre, cliquez sur l'onglet **Général**.

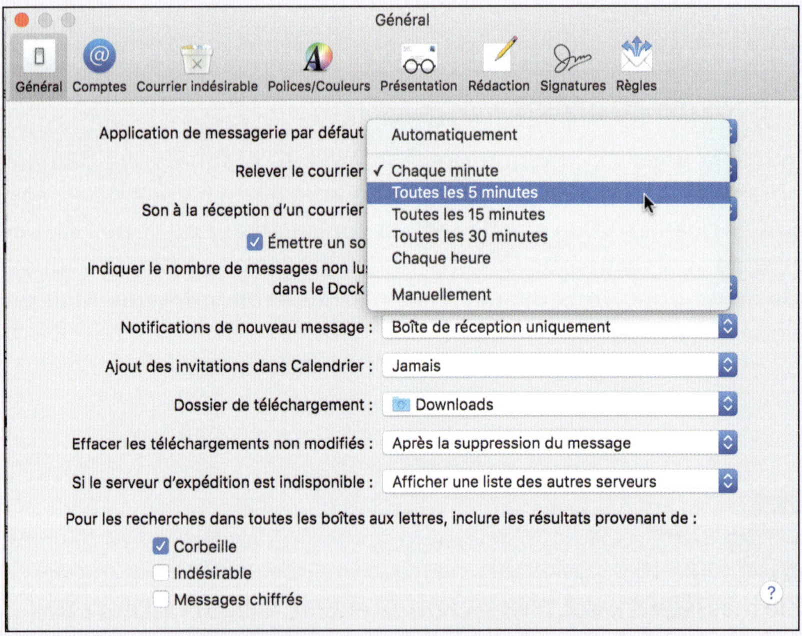

2 Dans le menu local Relever le courrier, sélectionnez l'option qui vous intéresse. Notez qu'en choisissant Manuellement, vous empêchez Mail de vérifier le courrier automatiquement. Lorsque vous avez effectué votre choix, fermez la fenêtre.

Lisez votre courriel

Pour lire votre courriel, le plus simple consiste à cliquer sur le message dans la liste des messages. Le contenu du message s'affiche alors dans le volet de visualisation (à gauche de la fenêtre). Notez que Mail prend en compte les réponses que vous échangez avec votre interlocuteur et affiche les différents messages dans le volet (le plus récent en haut). Les messages apparaissent séparément dans le volet et ils sont numérotés. Dans la liste des messages, un chiffre indique le nombre de messages contenus dans le fil de conversation. Si vous cliquez sur le chiffre, les différents messages de la conversation s'affichent. Le fil de conversation contient les messages que vous avez reçus ainsi que vos réponses. Dans la colonne de gauche, des icônes indiquent le statut des messages. Un point bleu montre les messages non lus et les flèches vous permettent de savoir à quels messages vous avez répondu et quels sont ceux que vous avez transférés.

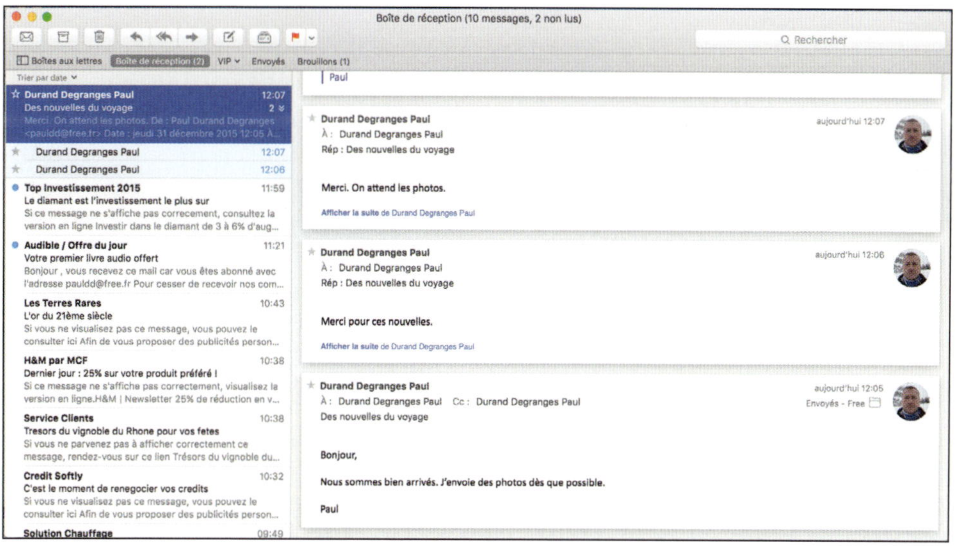

Pour lire le contenu d'un message, vous pouvez aussi double-cliquer sur ce message afin de l'ouvrir dans sa propre fenêtre. Vous pouvez ensuite conserver le message dans votre boîte de réception ou le supprimer s'il vous ne voyez pas de raison de le garder. Vous pouvez aussi répondre à un message.

Lisez une pièce jointe

Certains courriels peuvent contenir des pièces jointes. Pour les afficher, commencez par sélectionner le message concerné. Les pièces jointes apparaissent directement dans le message (s'il s'agit d'images, celles-ci sont affichées dans le message).

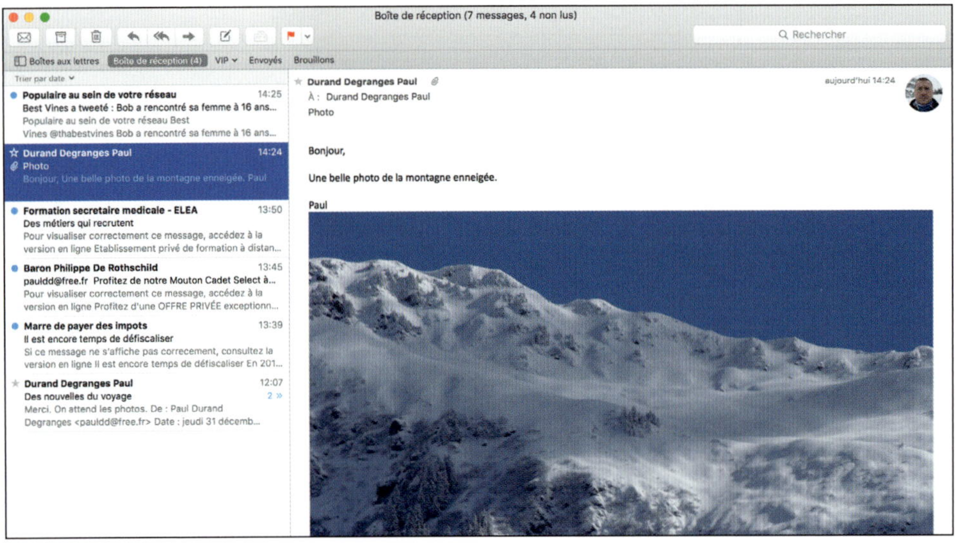

Y a pas plus pratique !

Ouvrez ou enregistrez une pièce jointe

Pour ouvrir ou afficher la pièce jointe, Ctrl-cliquez-la. Dans le menu contextuel qui s'affiche, cliquez ensuite sur :

- **Coup d'œil sur la pièce jointe**, pour obtenir un aperçu de la pièce jointe (à condition que Mail sache afficher le contenu de la pièce jointe).
- **Ouvrir la pièce jointe**, pour ouvrir la pièce jointe avec le programme associé à cette pièce jointe.
- **Ouvrir avec**, pour ouvrir la pièce jointe en indiquant ensuite le programme à utiliser pour ouvrir cette pièce jointe.
- **Enregistrer la pièce jointe**, pour enregistrer la pièce jointe sur votre ordinateur.

Vous avez la possibilité de sélectionner plusieurs pièces jointes. Vous Ctrl-cliquez la sélection afin d'obtenir dans le menu des options pour l'ensemble des pièces jointes.

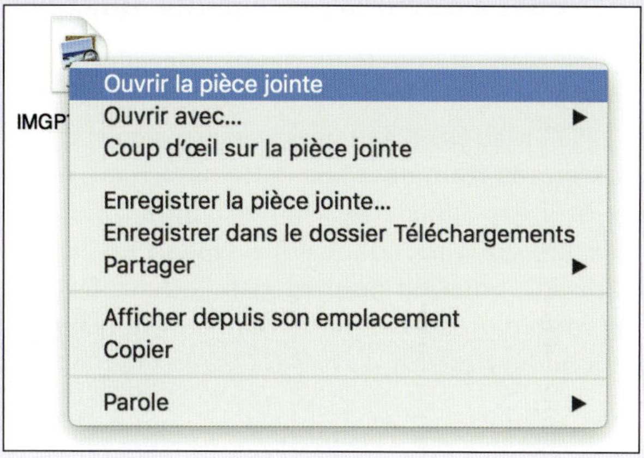

Y a pas plus malin !

Affichez les photos sous forme d'icônes

Si votre message contient de nombreuses photos (ou d'autres types de pièces jointes) affichées directement dans le corps du message et que cela vous gêne pour la lecture, vous pouvez afficher ces pièces jointes sous forme d'icônes. Ctrl-cliquez la photo et dans le menu contextuel choisissez **Afficher comme icône**.

Y a pas plus malin !

Enregistrez toutes les pièces jointes

Pour enregistrer toutes les pièces jointes, cliquez sur **Fichier → Enregistrer les pièces jointes**.

Y a pas plus malin !

Je ne parviens pas à ouvrir la pièce jointe, que faire ?

Pour ouvrir une pièce jointe, vous devez posséder l'application qui permet d'utiliser le fichier. Pour les images ou les fichiers au format TXT, DOC ou PDF, Mac OS X sait gérer ces fichiers et c'est le cas pour de nombreux autres formats. Mais certains fichiers ne peuvent pas être ouverts et il est difficile de trouver l'application sur Mac. Par exemple, si votre correspondant vous envoie un fichier créé avec Works sur son PC, vous ne pourrez pas l'ouvrir. Dans de tels cas, demandez à votre correspondant de convertir le fichier dans un format que vous pouvez ouvrir.

Y a pas plus pratique !

Supprimez des messages

Prenez l'habitude de supprimer les messages qui ne vous servent à rien. De cette manière, vous retrouverez plus facilement les courriels qui méritent d'être conservés et vous libérerez de l'espace sur votre disque dur. Pour supprimer un message, rien de plus simple :

- Sélectionnez-le dans la liste des messages (vous pouvez sélectionner plusieurs messages pour les supprimer en une seule fois). Si vous supprimez le message d'un fil de conversation, vous supprimez l'ensemble des messages de ce fil.
- Choisissez **Édition → Supprimer** ou cliquez sur l'icône **Supprimer** de la barre d'outils ou dans l'aperçu du message.

Les messages que vous supprimez ne disparaissent pas irrémédiablement. Vous les envoyez en fait dans le dossier Corbeille (dans la liste Boîtes aux lettres de Mail). Si vous avez supprimé un message par erreur, vous pouvez cliquer sur ce dossier pour en afficher le contenu, puis lorsque vous avez sélectionné le message à récupérer, vous le faites glisser dans le dossier Boîte de réception.

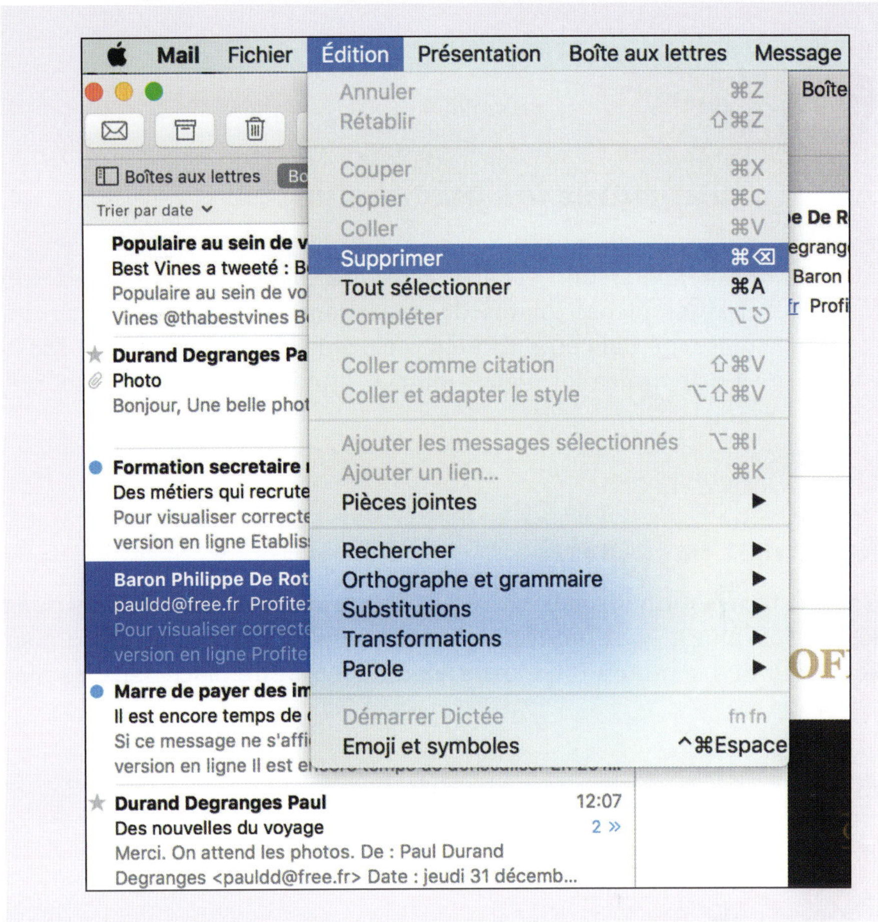

Y a pas plus malin !

Videz la Corbeille

Pensez à vider la Corbeille régulièrement, pour cela, dans le menu BAL, utilisez la commande **Effacer les éléments supprimés**, puis choisissez la boîte aux lettres.

Y a pas plus pratique !

Supprimez les pièces jointes

Pour libérer de l'espace sur votre disque, vous pouvez supprimer les pièces jointes d'un message. Pour cela, sélectionnez le message concerné (ou les messages), puis cliquez sur **Message → Supprimez les pièces jointes**. Attention, l'opération est irréversible.

Sécurisez le courriel

Comme tout le monde, vous recevrez très rapidement des courriels non sollicités. Parfois plus d'une dizaine par jour. Vous pouvez activer le filtre antispam de Mail pour que le programme fasse le ménage à votre place dans les messages que vous recevez.

Y a pas plus clair !

Antispam

Un antispam est un filtre ingénieux qui identifie, puis bloque ces messages qui vous importunent. Toutefois, il convient d'indiquer à Mail comment identifier les mauvais messages.

Y a pas plus pratique !

Activez le filtre Courrier indésirable

En premier lieu, vous activez la fonction en cliquant sur **Mail → Préférences**. Dans l'onglet Indésirable, cochez la case **Filtrer le courrier indésirable**. Cliquez ensuite sur l'option **Marquer comme**

indésirable, mais laisser dans ma boîte de réception. Ensuite, grâce au bouton Indésirable de la barre d'outils, vous marquez les messages que vous considérez comme tels. Lorsque vous estimez que le programme sait correctement identifier la plupart des courriels indésirables, vous revenez dans l'onglet Indésirable et vous choisissez l'option **Placer dans Courrier indésirable**. Vous pouvez aussi utiliser l'option **Appliquer des actions personnalisées** et vous personnalisez ces actions en cliquant sur le bouton **Avancé**.

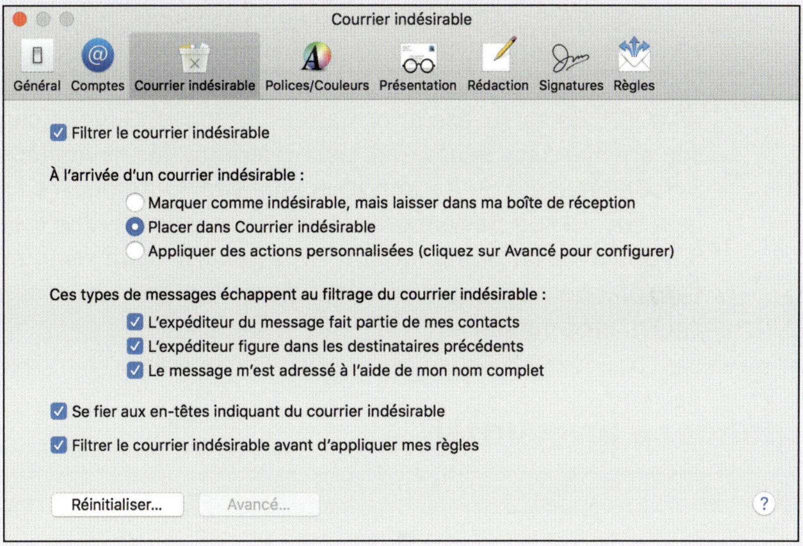

Y a pas plus malin !

Comment se protéger contre les virus ?

Il est courant de dire que les Mac sont à l'abri des virus. Dans l'immédiat, c'est assez vrai, même si quelques types de virus peuvent s'installer dans certains cas très précis. Personnellement, je pense qu'un antivirus n'est pas indispensable, surtout si vous respectez une règle essentielle : n'ouvrez pas les pièces jointes des courriels provenant de personnes que vous ne connaissez pas. De plus, de nombreux FAI proposent un antivirus intégré à leur messagerie. Activez cet antivirus s'il n'est pas déjà en fonction et vos courriers seront protégés. Si vous souhaitez un antivirus, effectuez une recherche sur Google pour antivirus Mac. Il existe plusieurs logiciels payants que vous pourrez installer pour les essayer pendant quelques jours. Vous pourrez aussi en trouver des gratuits.

Y a pas plus malin !

Faites attention au phishing (ou à l'hameçonnage)

Il vous arrivera de recevoir des courriels qui proviennent soi-disant de votre banque ou de votre FAI (mais aussi d'une banque ou d'un FAI que vous ne connaissez pas). Ces courriels vous demandent de saisir des informations telles que les informations de votre carte bancaire, de votre compte en banque ou vos identifiants de connexion à votre messagerie ou votre compte Internet. Aucun organisme réel ne vous enverrait de courriel pour vous demander d'accéder à une page Web afin de saisir des informations perdues. Si vous cliquez sur le lien envoyé dans le courriel, généralement, les navigateurs (comme Safari) détectent qu'il s'agit d'un faux site. Toutefois, il se peut que le faux site ne soit pas encore répertorié et rien ne vous met en garde. Si vous avez un doute, et que vous pensiez avoir reçu un vrai courriel, téléphonez au service client de la société concernée pour avoir plus d'informations.

Répondez à un courriel

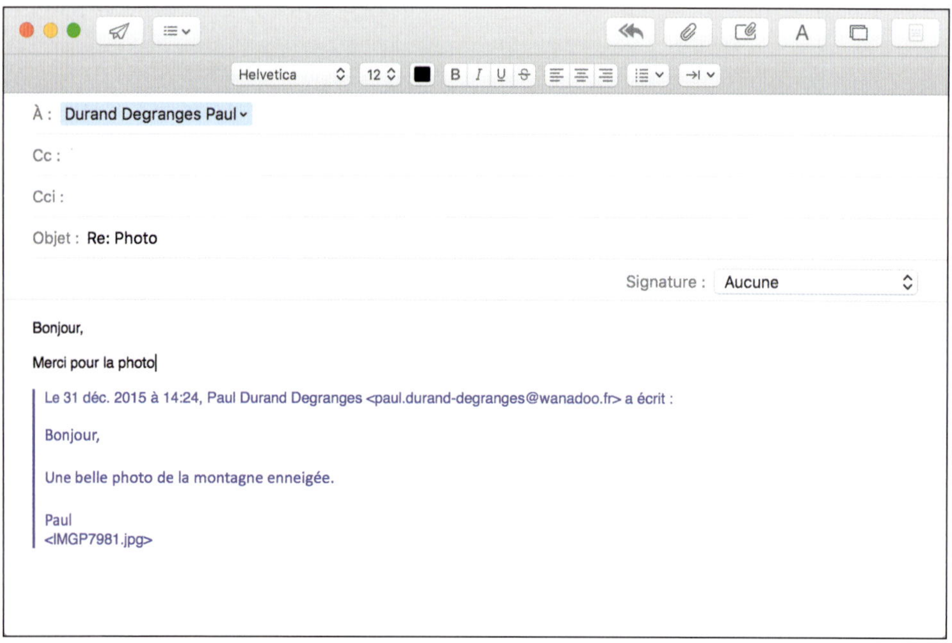

Il est très simple de répondre à un courriel. Après avoir sélectionné ce dernier, vous pouvez sélectionner une portion de texte que vous souhaitez conserver dans la réponse (si vous ne sélectionnez rien, la totalité du courriel est citée dans la réponse). Cliquez sur le bouton **Répondre** pour répondre uniquement à l'expéditeur et cliquez sur le bouton **Répondre à tous** pour que tous les destinataires du message d'origine reçoivent votre réponse. Une fenêtre de nouveau message s'affiche, les champs sont déjà renseignés. Si nécessaire, modifiez les adresses dans les champs À et Cc. Tapez ensuite votre message et cliquez sur le bouton **Envoyer** lorsque vous avez terminé. Une flèche incurvée s'affiche dans la colonne État en regard du message auquel vous répondez pour indiquer que vous avez envoyé une réponse.

Y a pas plus pratique !

Transférez un message

Les pièces jointes que vous recevez ne sont pas renvoyées lorsque vous répondez à un message. Si vous souhaitez renvoyer le message que vous avez reçu avec ses pièces jointes, vous devez le transférer.

1. Cliquez sur le bouton **Réexpédier** de la barre d'outils (ou cliquez sur **Message → Réexpédier**).

2. Les adresses des destinataires ne sont pas renseignées. Saisissez les adresses des destinataires.

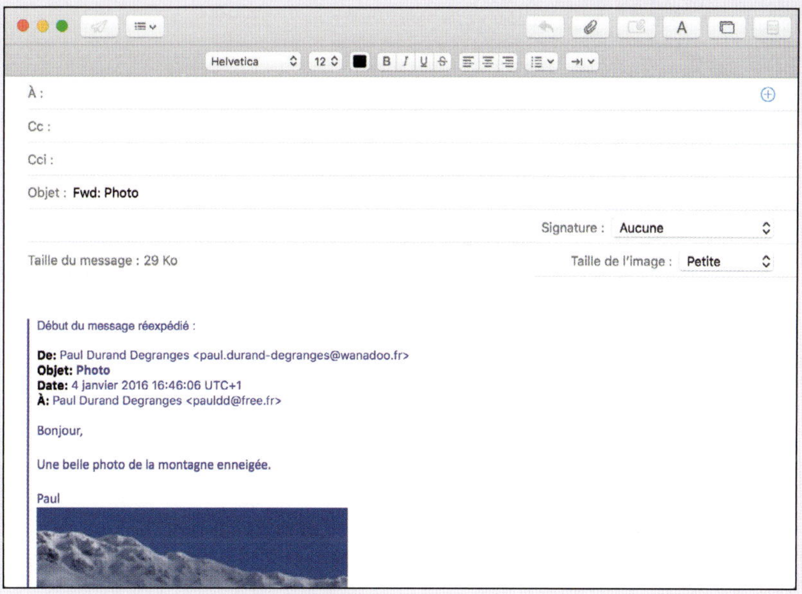

3. Il est d'usage d'indiquer pourquoi vous réexpédiez le message. Le texte du message d'origine apparaît « cité », comme lorsque vous répondez à un message. L'objet du message est précédé de Fwd :, pour indiquer qu'il s'agit d'un message transféré (*forward*).

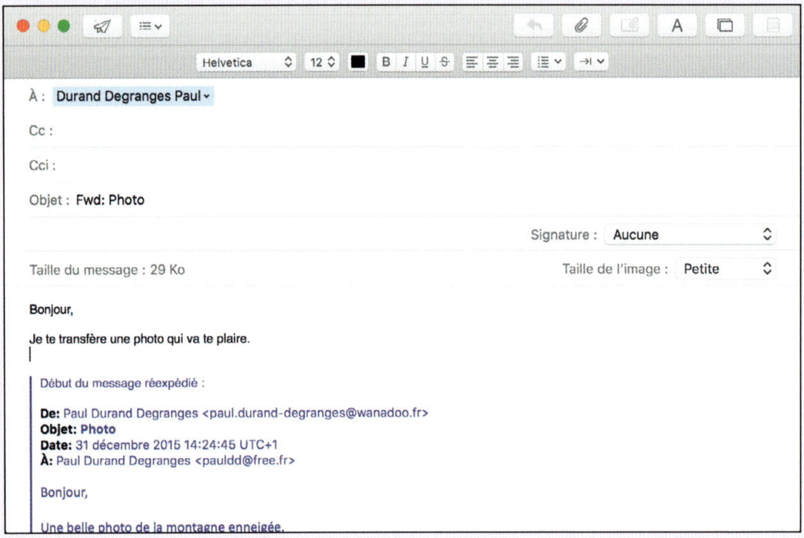

4. Envoyez le message lorsque vous avez terminé les modifications.

Y a pas plus malin !

Redirigez un message

Lorsque vous redirigez un message, le texte n'apparaît pas « cité », mais tel qu'il est dans le message d'origine. La mention « Re : » apparaît devant l'objet du message pour indiquer qu'il s'agit d'un message redirigé. Pour rediriger un message, cliquez sur **Message → Rediriger**. Vous utilisez cette commande quand vous pensez que le message ne vous était pas destiné et qu'il concerne une autre personne (que vous connaissez, bien évidemment). Vous pouvez ainsi renvoyer le message tel que vous l'avez reçu sans y apporter la moindre annotation.

Y a pas plus pratique !

Joignez un fichier

Lorsque vous rédigez un courriel, vous pouvez faire parvenir à votre correspondant, par exemple, une photo de vos dernières vacances en plaçant ce fichier en pièce jointe.

1 Rédigez votre message comme vous avez appris à le faire précédemment.

2 Cliquez sur **Fichier ➜ Joindre un fichier**, cliquez sur le bouton **Joindre** de la barre d'outils ou appuyez sur les touches **`Cmd + Majuscule + A`**. Dans la fenêtre qui s'affiche, localisez le fichier à joindre, puis cliquez sur **Choisir**.

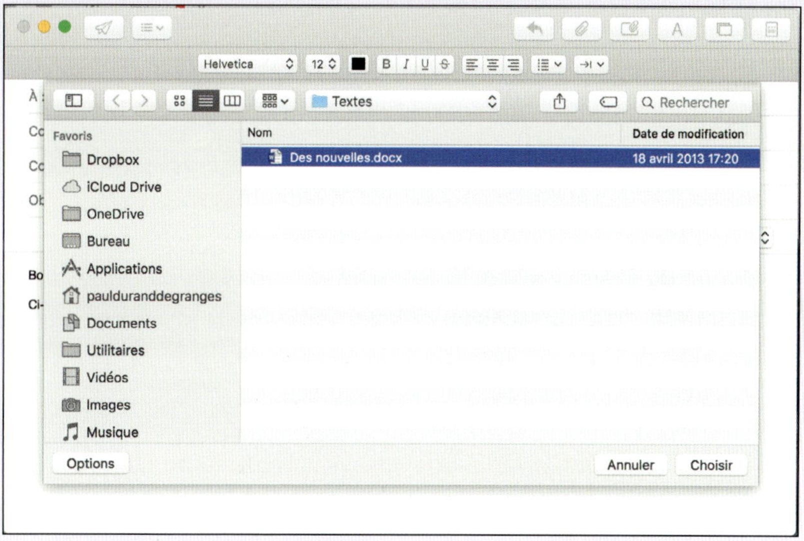

3 L'icône du fichier sélectionné apparaît dans la fenêtre. Si nécessaire, répétez l'opération précédente pour joindre d'autres fichiers. Sachez que vous pouvez aussi faire directement glisser l'icône de la pièce jointe dans la fenêtre du message à partir d'une fenêtre du Finder, directement dans la fenêtre du message.

4 Si vous souhaitez supprimer une pièce jointe du message (avant de l'envoyer). Cliquez sur son icône, puis enfoncez la touche **`Retour arrière`**.

5 Lorsque vous avez terminé d'ajouter vos pièces jointes, terminez et expédiez votre message comme vous le faites habituellement.

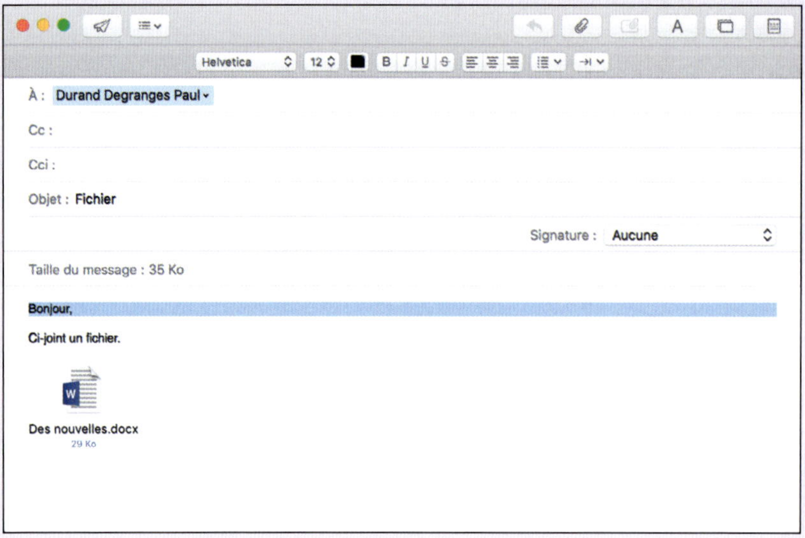

Chapitre 6

Communiquez en instantané et en images

En plus du courriel, il existe d'autres outils de communication avec vos proches sur le Mac. Ce chapitre vous présente tout d'abord Messages, un système de messagerie instantanée avec lequel vous pouvez échanger des messages texte en temps réel ou encore effectuer une conversation vocale ou en visiophonie. Ensuite, vous découvrirez FaceTime, un logiciel de visiophonie qui vous permet de converser avec vos proches en utilisant les dernières générations d'iPhone, d'iPad ou d'iPod touch.

- Découvrez la messagerie instantanée
- Conversez avec Messages
- Passez des appels vidéo avec FaceTime

Démarrez Messages

Messages est le programme de messagerie instantanée du Mac. Ce programme vous permet de communiquer en temps réel avec vos contacts soit en utilisant le clavier, soit en utilisant le micro et l'éventuelle webcam de votre ordinateur. Message fonctionne sur le principe des SMS de votre téléphone portable. L'application Messages est compatible avec l'application éponyme se trouvant sur l'iPhone, l'iPad ou l'iPod touch (que l'on appelle *iDevices*). Vous avez donc la possibilité d'envoyer des *iMessages* (c'est ainsi qu'Apple nomme les messages échangés avec Messages) aux utilisateurs de l'un de ces appareils.

Avant de pouvoir utiliser Messages pour converser avec vos proches, vous devez commencer par configurer le programme. Pour lancer Messages, cliquez sur son icône dans le Dock, dans le Launchpad, ou double-cliquez sur son icône dans le dossier Applications. La première fois que vous démarrez Messages, l'assistant de configuration s'affiche automatiquement. Consultez la section suivante pour procéder à cette configuration.

Y a pas plus malin !

Messageries compatibles

Si les personnes avec qui vous souhaitez converser *via* Messages ne possèdent pas de Mac, ni l'un des trois iDevices, vous pouvez tout de même les contacter si elles utilisent une messagerie compatible. Les systèmes reconnus par Messages sont AIM, Google Talk, Yahoo! ou Jabber.

Y a pas plus malin !

Configuration automatique

Si vous avez prévu un compte iCloud à l'installation de votre ordinateur, le système a configuré automatiquement plusieurs applications sur votre Mac, entre autres Mail et Messages. De la même manière, si vous avez configuré une adresse Gmail dans l'application Mail, l'application Messages est paramétrée pour la messagerie instantanée de votre compte Google Talk.

Y a pas plus pratique !

Créez un compte de messagerie instantanée

L'opération consiste à indiquer votre nom d'utilisateur (une adresse de messagerie instantanée). Si vous possédez un compte MobileMe, Mac.com, AOL Instant Messenger (AIM), Google Talk ou Jabber, vous pouvez utiliser ce compte avec Messages. Si vous ne possédez pas de compte, vous pourrez le créer lors de la procédure d'installation.

1 Après avoir démarré Messages, un écran s'affiche et vous propose de saisir votre identifiant Apple pour configurer Message afin de pouvoir échanger des messages avec les Mac et les iDevices. Saisissez votre identifiant et votre mot de passe, puis cliquez sur **Se connecter**. Notez que vous possédez déjà un identifiant si vous vous êtes connecté à l'une des boutiques en ligne d'Apple (matériel, musique, application) et que vous avez téléchargé du contenu (payant ou gratuit). Si vous cliquez sur le bouton **Pas maintenant**, puis si vous confirmez que vous ne voulez pas configurer Messages, un nouvel écran de configuration apparaît. Ce dernier est détaillé dans la section suivante.

2 Si vous ne possédez pas d'identifiant Apple, cliquez sur **Créer un identifiant**. Dans la fenêtre qui s'affiche, saisissez les informations demandées, puis cliquez sur **Créer un identifiant Apple**. La création d'un identifiant est gratuite.

3 Lorsque votre identifiant est validé ou créé, vous obtenez directement la fenêtre de Messages permettant de communiquer avec vos proches à l'aide d'iMessages.

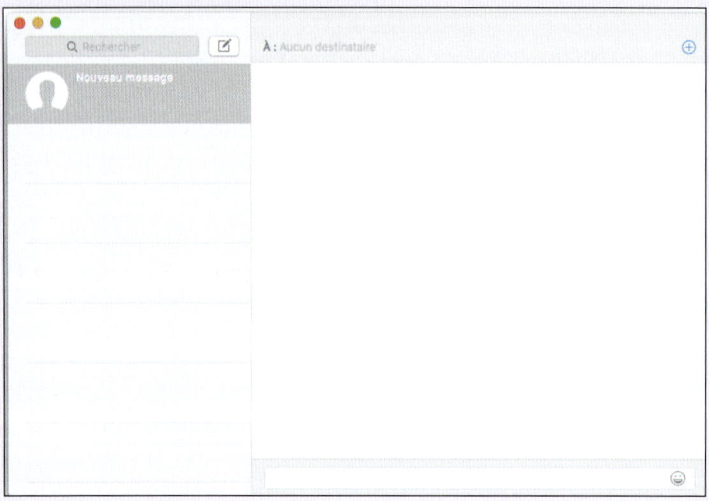

4 Dans le dernier écran, Conclusion, cliquez sur **Terminer**. Vous êtes prêt à utiliser Messages.

Y a pas plus pratique !

Ajoutez un compte de messagerie instantanée

1 Pour ajouter un compte de messagerie instantanée, cliquez sur **Messages → Préférences**. Dans la fenêtre qui s'affiche, cliquez sur le signe **+** en bas à gauche. Vous allez pouvoir configurer un compte AOL Instant Messenger (AIM), Google Talk, Jabber ou Yahoo!.

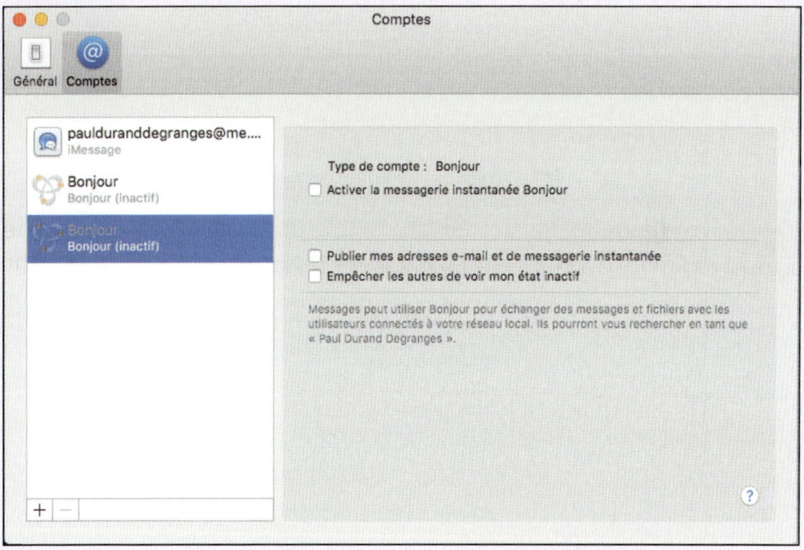

2 Cliquez sur le type de compte que vous possédez puis **cliquez sur** Continuer.

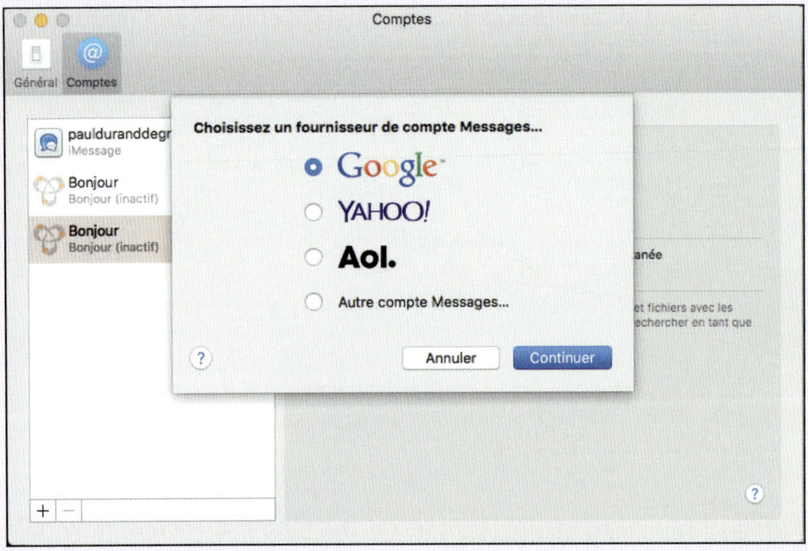

3 Suivez les étapes pour saisir votre nom d'utilisateur et votre mot de passe pour vous identifier. Puis sélectionnez les applications à utiliser avec votre compte. Cliquez sur **Terminer**.

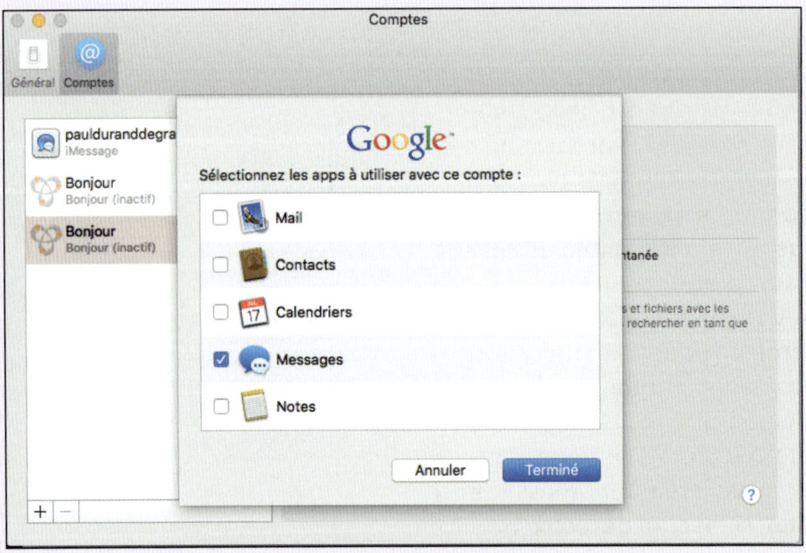

4 Le nouveau compte apparaît dans le volet de gauche. Notez que vous pouvez le désactiver sans le supprimer en décochant la case **Activer ce compte**. Fermez la fenêtre Comptes.

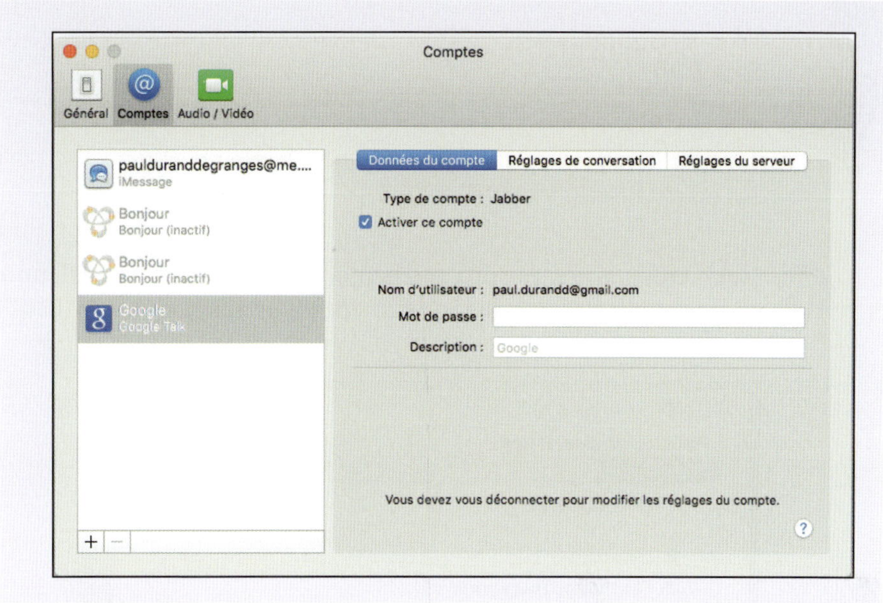

Changez d'état

Avec Messages, lorsque vous êtes connecté à un service tel que AIM, Google Talk, Jabber ou Yahoo!, le programme indique aux contacts de votre liste qui sont en ligne que vous êtes disponible (l'indicateur d'état est vert). Vous pouvez modifier cet état, par exemple pour indiquer que vous êtes momentanément indisponible, sans toutefois vous déconnecter. Vous pouvez aussi créer un message d'état si aucun de ceux proposés ne vous convient.

Pour cela, cliquez sur l'indicateur d'état placé en bas du volet de gauche, puis choisissez un état.

Y a pas plus pratique !

Choisissez votre état

1 Pour créer votre propre message d'état, cliquez sur **Disponible (personnalisé)** ou **Indisponible (personnalisé)** dans la liste des états.

2 Saisissez un message puis appuyez sur la touche **Entrée**.

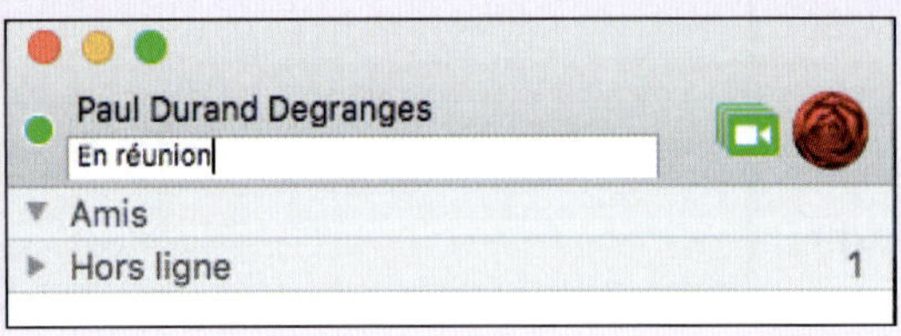

Y a pas plus pratique !

Ajoutez et gérez des contacts

Avant de pouvoir envoyer des messages à d'autres personnes, vous devez ajouter des contacts à votre liste. Cela vous permet de savoir quels sont les contacts connectés ainsi que ceux qui possèdent des fonctions audio ou vidéo. Vous ajoutez autant de contacts que vous le souhaitez.

1 Pour afficher la liste des contacts, si nécessaire, cliquez sur **Fenêtre ➜ Amis**.

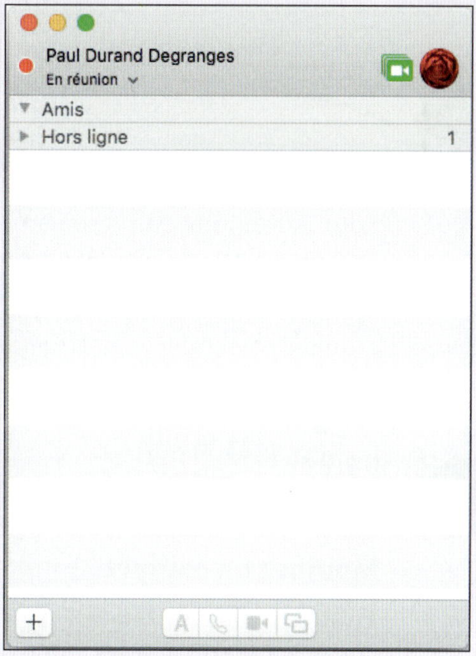

2 Cliquez sur le bouton Ajouter (**+**) au bas de la fenêtre, puis cliquez sur **Ajouter un contact** dans le menu qui s'affiche.

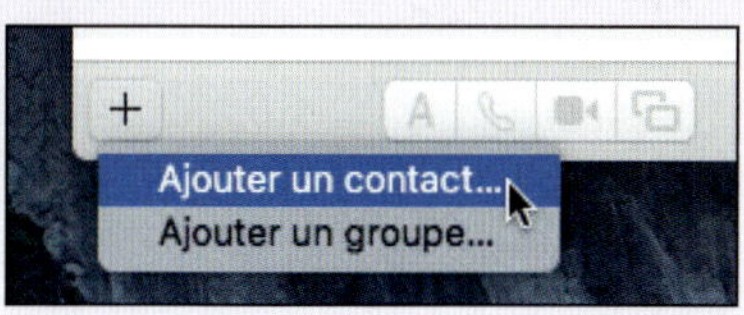

3 Saisissez le nom du compte de votre contact (son adresse de messagerie instantanée), sélectionnez éventuellement le groupe dans lequel vous souhaitez le classer, puis saisissez son prénom et son nom.

4. Cliquez sur **Ajouter** pour terminer.

Y a pas plus malin !

Supprimez un contact

Pour supprimer un contact de votre liste, sélectionnez-le puis appuyez sur la touche **`Suppression`**. Confirmez la suppression dans la boîte de dialogue qui s'affiche.

Y a pas plus malin !

Modifiez un contact

Pour modifier un contact, sélectionnez-le dans la liste puis cliquez sur **Amis → Afficher les informations**. Dans la boîte de dialogue qui s'affiche, utilisez l'onglet **Fiche d'adresse** pour modifier les informations du contact. Vous avez la possibilité de changer la photo du contact en faisant glisser une image sur la zone d'aperçu de la photo et en cochant la case **Toujours utiliser cette photo**.

Y a pas plus pratique !

Créez et gérez des groupes de contacts

Les groupes vous permettent d'organiser vos contacts afin de les retrouver plus facilement. Lorsque vous avez créé vos groupes, il vous suffit de faire glisser les contacts dans la liste afin de les placer dans les groupes appropriés. Par défaut, il existe le groupe Contacts récents et le groupe Déconnecté. Il est possible d'afficher ou de masquer ce dernier.

- Cliquez sur **Présentation → Utiliser le groupe déconnecté**.
- Si vous ne souhaitez pas utiliser les groupes pour classer vos contacts (vous en possédez très peu), vous pouvez les désactiver en cliquant sur **Présentation → Utiliser les groupes**.

Dans les deux cas, une coche dans le menu indique que l'option est active.

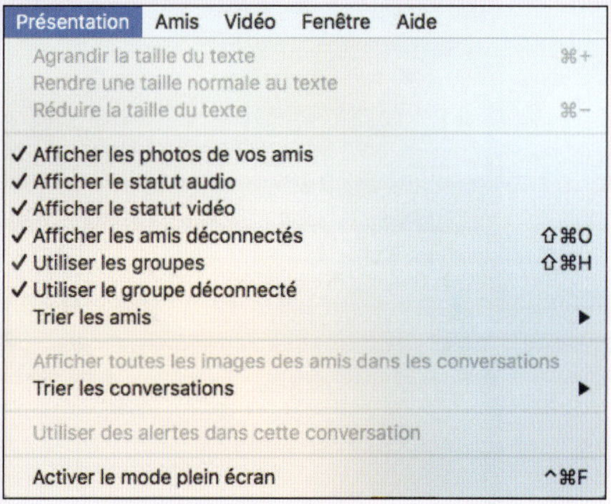

- Pour créer un groupe de contacts, cliquez sur le bouton Ajouter (**+**), placé au bas de la liste de contacts, puis sélectionnez **Ajouter un groupe** dans le menu. Dans la boîte de dialogue qui s'affiche, nommez le groupe que vous créez, puis cliquez sur **Ajouter**.
- En cliquant sur les en-têtes de groupe dans la liste des contacts, vous affichez ou masquez les contacts que contient ce groupe. Pour renommer ou supprimer un groupe, Ctrl-cliquez sur le groupe en question, puis choisissez l'option souhaitée dans le menu contextuel. Attention, lorsque vous supprimez un groupe, vous supprimez également les contacts qu'il contient. Si vous souhaitez les conserver, pensez à déplacer ces contacts avant d'effectuer la suppression du groupe.

Y a pas plus pratique !

Établissez une conversation texte

Un message instantané est un texte qui permet une conversation en temps réel entre plusieurs contacts. Pour effectuer une conversation texte, procédez comme suit.

1. Si nécessaire, affichez la liste des contacts en cliquant sur **Fenêtre → Amis**.

2. Pour commencer une conversation, sélectionnez un ou plusieurs noms dans la liste des contacts, puis cliquez sur le bouton **Lance une conversation écrite**. Si vous souhaitez effectuer la conversation avec un seul contact, vous pouvez double-cliquer sur ce dernier.

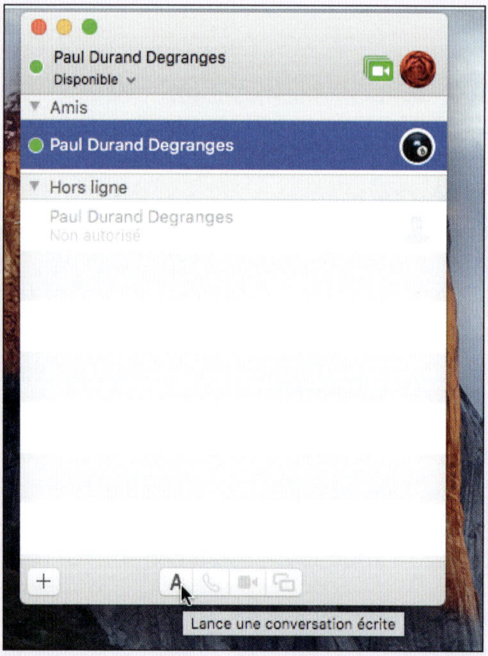

3. Saisissez votre message dans la zone placée au bas de la fenêtre qui s'est ouverte. Vous avez la possibilité d'aller à la ligne en appuyant sur `Alt + Entrée`.

4 Si vous souhaitez insérer une émoticône, cliquez sur le bouton **Émoticônes**, puis sur l'icône souhaitée. Sachez qu'il est parfois plus rapide de saisir l'émoticône au clavier, par exemple **: -)**. Pour connaître les équivalents clavier, placez le curseur de la souris sur une émoticône.

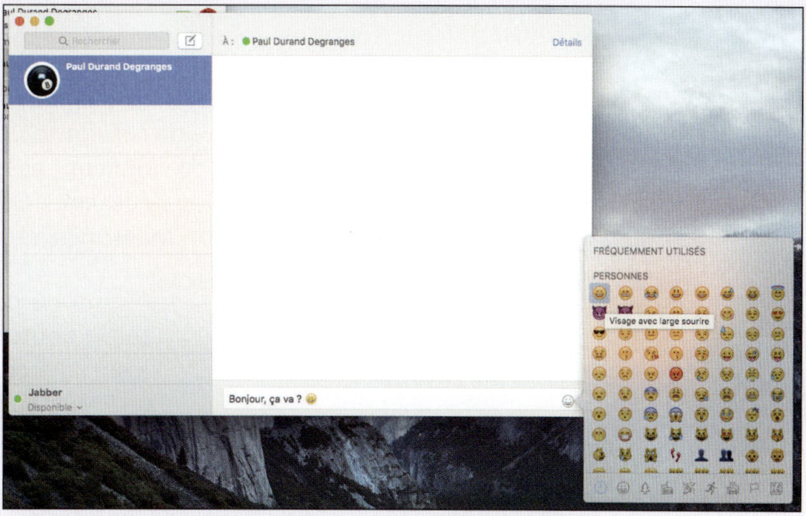

5 Lorsque vous avez terminé la saisie de votre message, envoyez-le en appuyant sur **Entrée**.

6 Attendez la réponse de votre correspondant… puis continuez de saisir vos messages. Lorsque vous avez terminé, cliquez sur le bouton **Fermer** pour terminer la session.

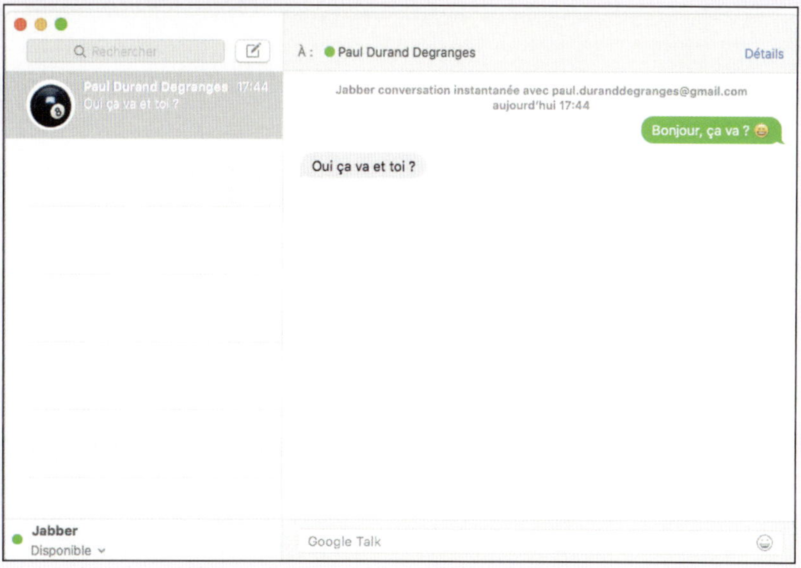

Y a pas plus pratique !

Répondez à un contact

Lorsqu'un de vos contacts veut établir une conversation (texte, audio ou vidéo) avec vous, le Centre de notifications vous en informe. Notez qu'au moment de l'écriture de ces lignes, lors de la réception d'un message texte, le Centre de notifications n'affiche pas le message (alors que c'est le cas avec iMessage). Seule une pastille apparaît sur l'icône de l'application Messages.

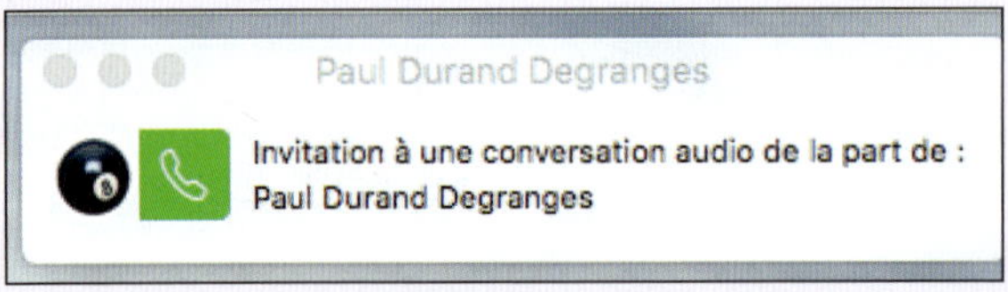

Cliquez sur la notification pour y répondre. Une nouvelle fenêtre s'affiche et des boutons vous permettent de répondre à cet appel ou de le rejeter. Il est courtois de répondre. Si vous n'avez pas le temps d'établir une conversation, informez votre contact que vous êtes occupé et que vous le rappellerez plus tard. En revanche, si vous recevez un appel d'une personne que vous ne connaissez pas, vous pouvez ignorer cet appel.

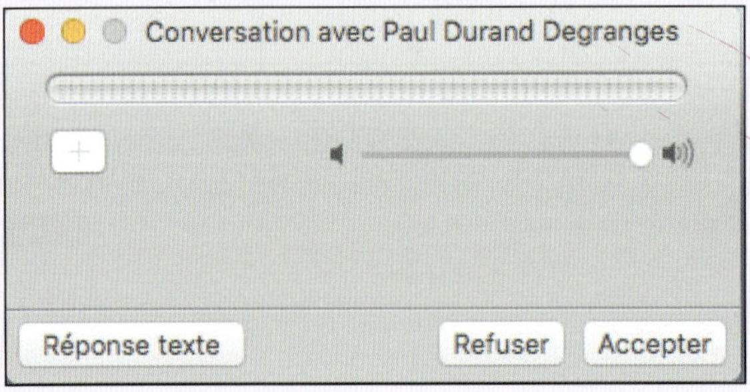

Y a pas plus pratique !

Démarrez une conversation audio ou vidéo

Si votre ordinateur est équipé d'un micro, de haut-parleurs et d'une webcam, vous pouvez effectuer une conversation audio (comme au téléphone), voire vidéo (avec l'image en plus du son). Si nécessaire, affichez la liste des contacts en cliquant sur **Fenêtre → Amis**. Sélectionnez le contact dans la liste des contacts, puis cliquez sur le bouton **Lancer une conversation audio** (l'icône du téléphone) ou **Lancer une conversation vidéo** (l'icône de la caméra). Si votre correspondant n'est pas équipé pour effectuer de telles conversations, ces icônes restent grisées lorsque vous sélectionnez le contact. La fenêtre de la conversation s'ouvre. Cliquez sur le bouton **Fermer** de la fenêtre pour terminer la session.

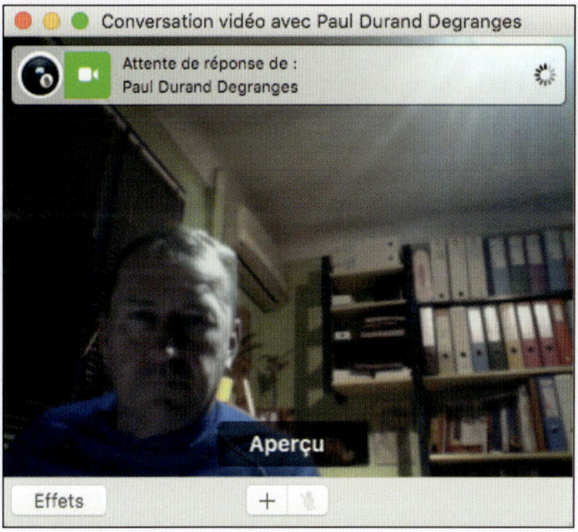

Y a pas plus malin !

Changez votre photo

Cliquez sur **Messages → Changer ma photo** puis sélectionnez la photo que vous souhaitez. Si vous possédez une webcam, vous pouvez l'utiliser pour prendre une photo.

Y a pas plus pratique !

Envoyez des iMessages

La fonctionnalité la plus pratique de l'application Messages est sans doute celle qui permet d'envoyer des messages aux Mac, iPad, iPhone et iPod touch. Comme indiqué au début de cette section, il vous suffit d'indiquer votre identifiant Apple pour être connecté aux serveurs d'Apple et pouvoir joindre ainsi toutes les personnes que vous connaissez et qui sont également connectées à Message.

1 Si nécessaire, choisissez **Fenêtre ➜ Messages** pour afficher la fenêtre des messages.

2 Dans la zone **À**, saisissez les coordonnées de la personne à qui vous souhaitez envoyer le message : il peut s'agir d'une adresse de courriel ou d'un numéro de téléphone portable (votre correspondant doit vous indiquer comment le contacter). Vous pouvez cliquer sur le signe **+** à droite de la zone pour afficher la liste de vos contacts. Notez que, lorsque votre contact est en ligne, il apparaît en bleu et, dans la liste des contacts, vous voyez une bulle bleue en regard du contact.

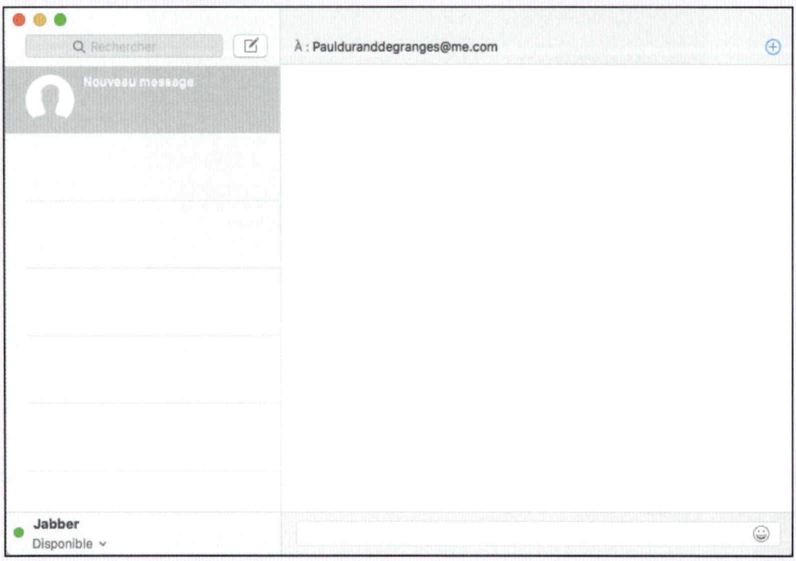

3 Dans la zone **Message**, saisissez le texte puis appuyez sur la touche **`Entrée`** pour l'envoyer (consultez les sections précédentes pour envoyer les messages).

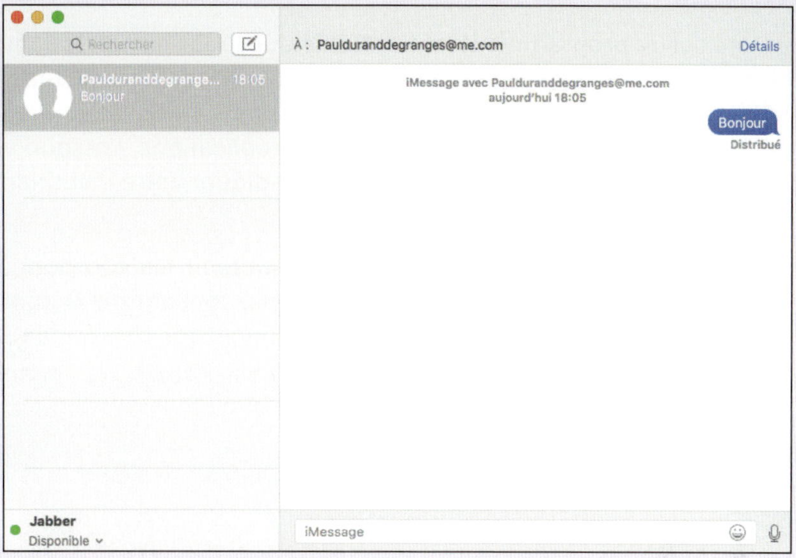

4. Attendez la réponse de votre interlocuteur, puis continuez la conversation.

5. Pour effectuer une conversion vidéo, cliquez sur le bouton Détails, en haut à droite. Notez que Messages utilise FaceTime pour l'appel vidéo (consultez la section suivante pour plus d'informations).

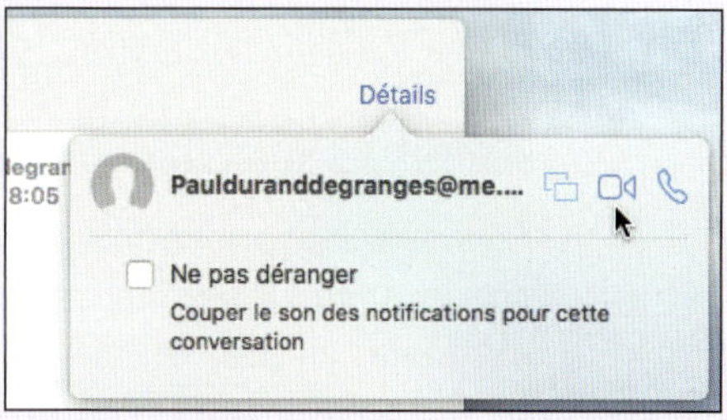

FaceTime

FaceTime est un programme de visiophonie qui vous permet de converser avec d'autres personnes possédant des modèles compatibles de Mac, d'iPhone, d'iPad ou d'iPod touch. Vous démarrez FaceTime à l'aide de son icône dans le Dock, dans le Launchpad ou dans le dossier Applications. Lorsque vous lancez FaceTime pour la première fois, vous devez indiquer votre identifiant Apple ou en créer un si vous n'en possédez pas.

FaceTime utilise l'application Contacts pour obtenir les coordonnées de vos contacts (pour plus d'informations sur Contacts, consultez le chapitre 7).

Y a pas plus pratique !

Indiquez votre identifiant Apple

- Si vous possédez déjà un identifiant Apple, saisissez-le dans le volet à gauche de la fenêtre FaceTime, puis cliquez sur **Se connecter**. Vous pouvez posséder un identifiant si vous avez passé une commande sur l'App Store, si vous possédez un compte MobileMe, iCloud ou iTunes.

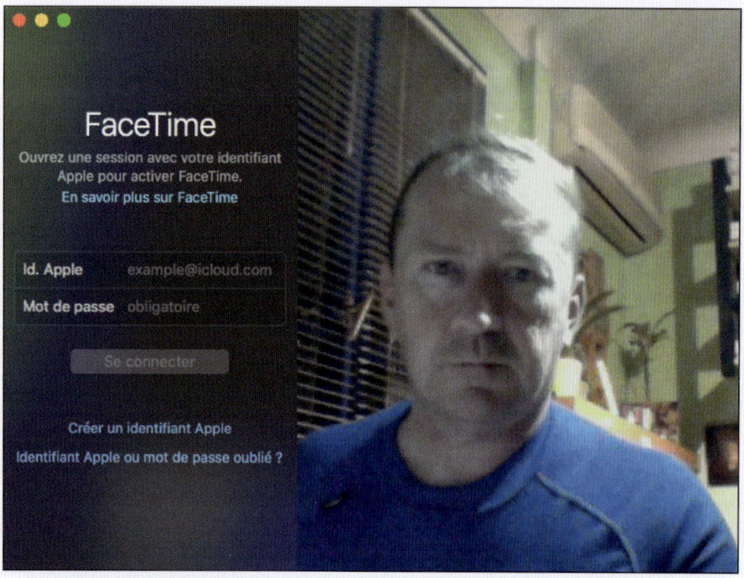

- Si vous ne possédez pas d'identifiant, cliquez sur **Créer un compte**, saisissez les informations demandées dans l'écran qui s'affiche, cliquez sur le bouton **Suivant**, placé en haut à droite de la fenêtre, puis continuez à suivre les instructions.

Une fois que vous avez indiqué ou créé votre identifiant Apple, vous êtes connecté.

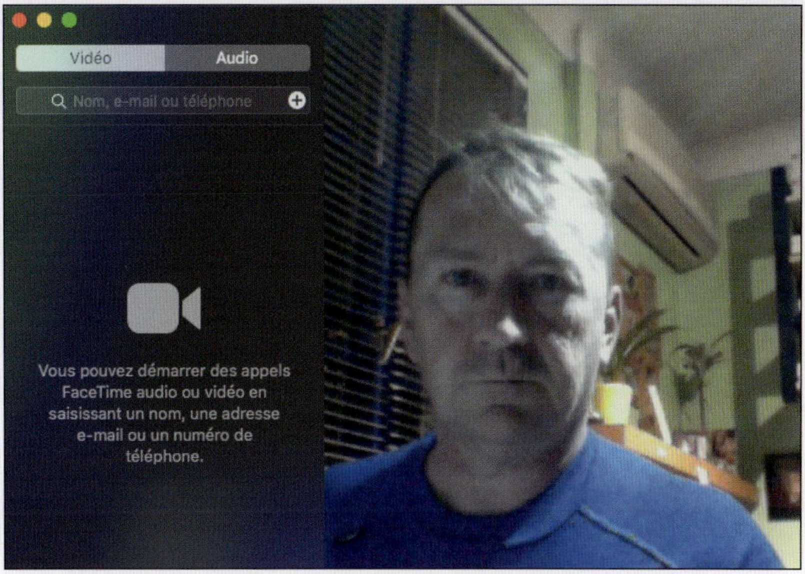

Y a pas plus pratique !

Appelez un contact

1. Saisissez l'adresse du contact.

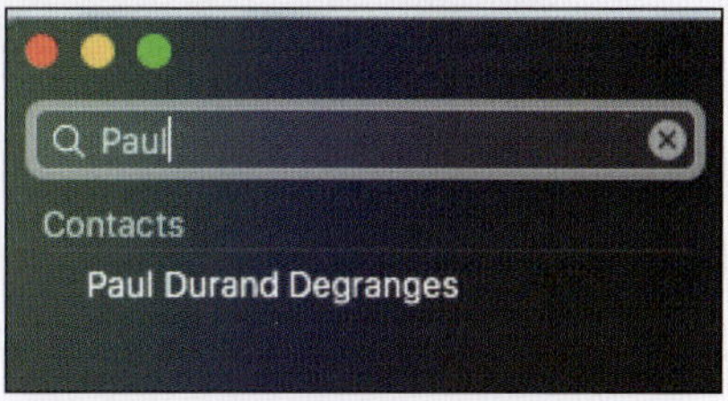

2. Cliquez sur l'icône de la caméra pour appeler le contact.

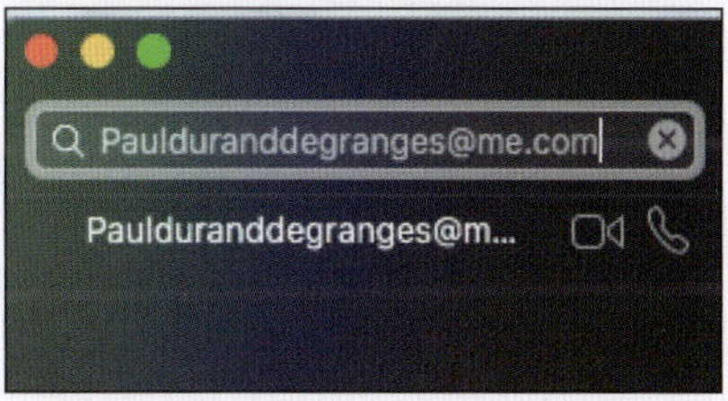

3. Une fois que votre contact a accepté l'appel, vous voyez son image dans la fenêtre.

Y a pas plus malin !

Répondez à un appel

Lorsqu'un correspondant cherche à vous joindre, la fenêtre se réduit et deux boutons apparaissent. Ils vous permettent d'accepter ou de rejeter l'appel.

Sachez qu'il n'est pas nécessaire de démarrer FaceTime pour recevoir les appels. Si vous avez configuré votre compte et que votre Mac soit démarré, vous êtes prêt à recevoir des appels. FaceTime se lance automatiquement. Si vous ne souhaitez plus être dérangé, cliquez sur **FaceTime → Désactiver FaceTime**. Vous devrez réactiver FaceTime, par la suite, lorsque vous souhaiterez de nouveau l'utiliser.

Chapitre 7

Organisez-vous avec votre Mac

Votre Mac vous permet de vous organiser. Le programme Calendrier permet d'organiser vos rendez-vous et vos tâches ; avec Contacts, vous gérez tous vos contacts ; avec Notes, vous prenez des notes rapides ; et avecTâches, vous définissez la liste de tâches que vous avez à faire (avec ou sans date d'échéance). Si vous possédez un iPhone, un iPad ou un iPod touch (un iDevice), vous synchroniserez votre calendrier, votre carnet d'adresses, vos notes et vos tâches entre votre ordinateur et votre iDevice afin de toujours avoir vos informations à jour.

- Créez et utilisez un calendrier
- Ajoutez et modifiez des événements
- Imprimez des calendriers
- Ajoutez et modifiez des contacts
- Imprimez votre carnet d'adresses
- Créez des notes
- Créez des rappels

Démarrez Calendrier

Calendrier est un programme de gestion d'agenda parfaitement adapté à tous ceux qui souhaitent conserver une trace de leur emploi du temps. Il permet d'automatiser les événements récurrents, par exemple un cours de chant tous les jeudis à 18 heures. De plus, Calendrier vous alerte de l'imminence d'un événement par un signal sonore et une notification dans le Centre de notifications. Vous lancez Calendrier à partir du Dock ou du dossier Applications.

Créez et utilisez un calendrier

Calendrier permet de planifier vos activités personnelles ou vos rendez-vous de travail. Vous pouvez créer des calendriers distincts. Par exemple, un calendrier personnel, un calendrier pour le travail et un calendrier pour une association. Il est ainsi plus simple de s'y retrouver. De plus, il est possible de partager ces différents calendriers avec les personnes que vous souhaitez.

Y a pas plus pratique !

Créez et utilisez un calendrier

1. Si nécessaire, cliquez sur le bouton **Calendriers** pour afficher le volet des calendriers.

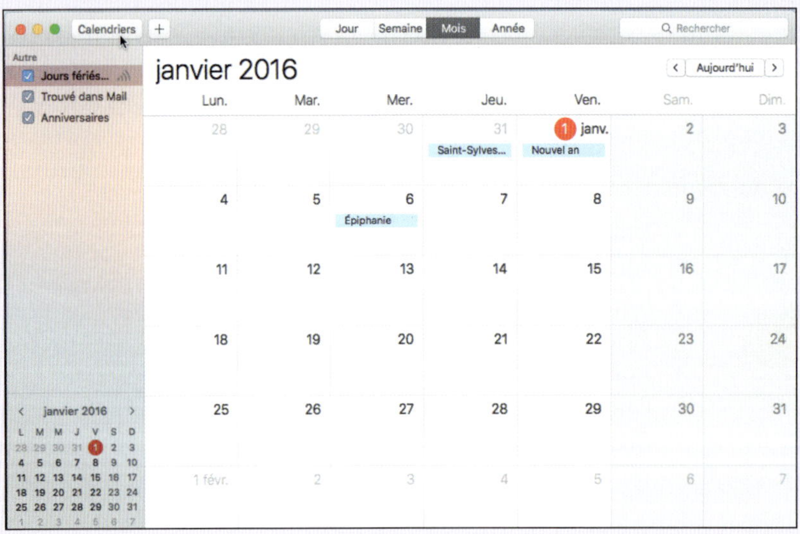

2. Cliquez sur **Fichier → Nouveau calendrier**. Puis choisissez **Sur mon Mac**. Si vous avez configuré iCloud sur votre ordinateur, vous obtenez l'option **iCloud**.

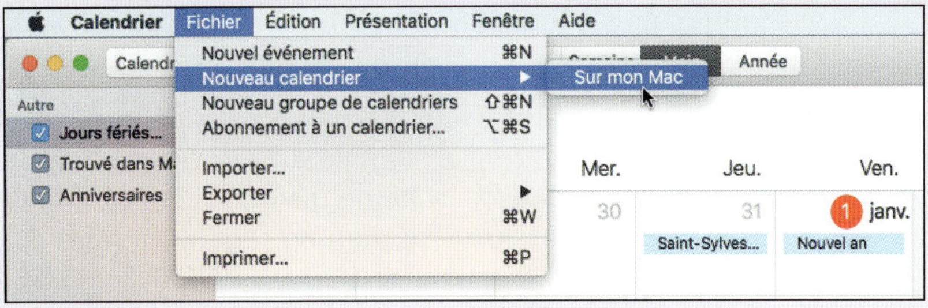

3. Un nouveau calendrier s'affiche dans la liste. Nommez-le puis appuyez sur **Entrée**.

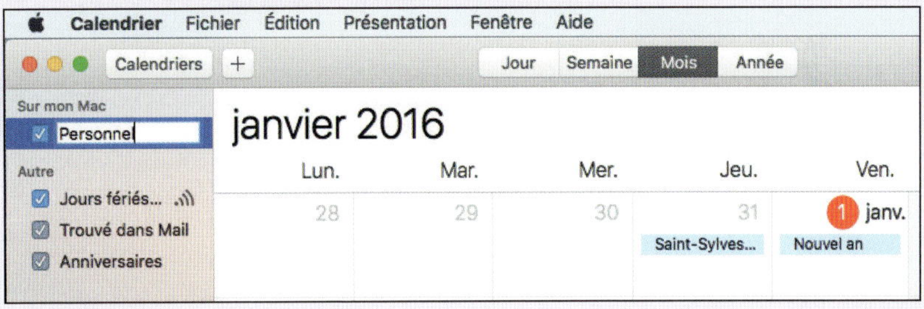

Naviguez dans Calendrier

Pour naviguer dans un calendrier, vous utilisez les boutons suivants :

- **Aujourd'hui**. Cliquez sur ce bouton pour afficher le jour actuel.
- **Jour**, **Semaine**, **Mois et Année**. Cliquez sur l'un de ces boutons pour changer le mode d'affichage du calendrier et obtenir la vue de la journée ou une vue d'ensemble sur une période. Utilisez les flèches vers la gauche et vers la droite (autour du bouton **Aujourd'hui**) pour vous déplacer dans la vue sélectionnée.

Y a pas plus malin !

Modifiez un calendrier

Vous avez la possibilité de modifier vos calendriers. Pour cela, cliquez sur le bouton **Calendrier**, si nécessaire, pour afficher le volet contenant la liste des calendriers.

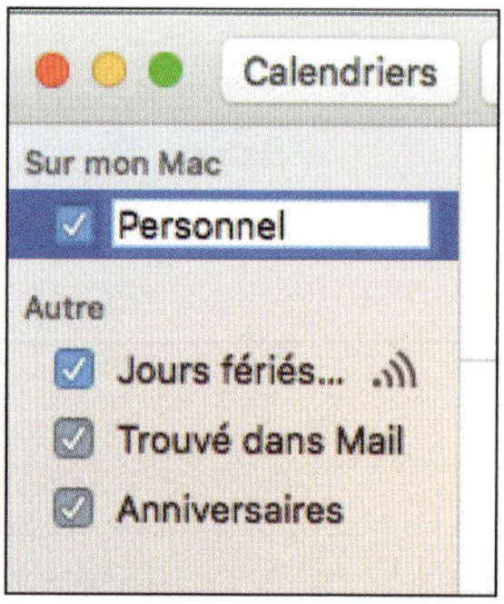

Renommez un calendrier. Double-cliquez sur son nom, saisissez un nouveau nom puis appuyez sur **Entrée**.

Supprimez un calendrier. Ctrl-cliquez sur le calendrier, puis cliquez sur **Supprimer**.

Changez la couleur. Ctrl-cliquez sur le calendrier, puis cliquez sur **Choisissez la couleur**. Vous pouvez aussi cliquer sur **Lire les informations**. Dans la boîte de dialogue qui s'affiche, cliquez sur le bouton en regard du nom du calendrier pour modifier la couleur. Notez que vous pouvez utiliser cette boîte de dialogue pour renommer votre calendrier, mais aussi pour ajouter une description. Lorsque vous avez terminé, cliquez sur **OK**.

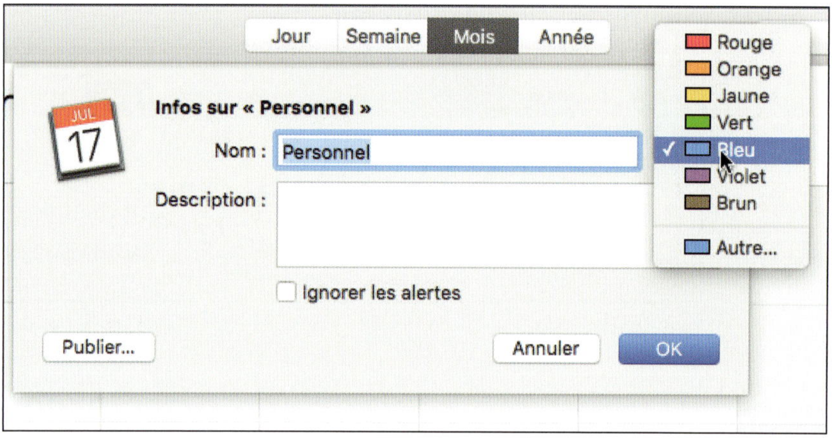

Créez un groupe de calendriers

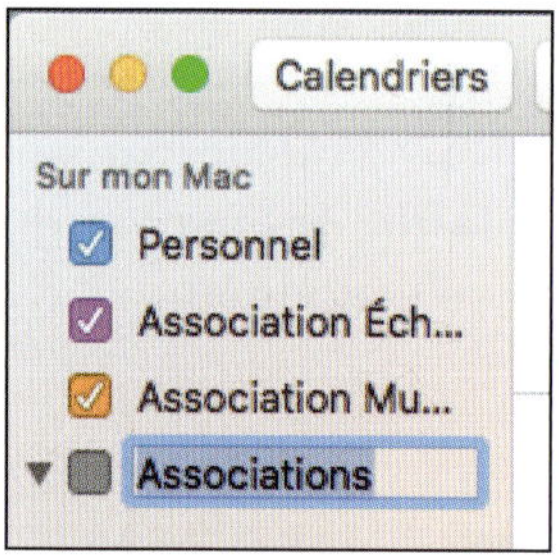

Un groupe de calendrier est une sorte de dossier dans lequel vous placez d'autres calendriers. Par exemple, si vous gérez le calendrier de plusieurs associations en plus de vos calendriers personnel et professionnel, vous pouvez créer un groupe Associations dans lequel vous placerez les calendriers des associations.

Pour créer un groupe, cliquez sur **Fichier → Nouveau groupe de calendriers.** Saisissez ensuite un nom pour le groupe de calendriers. Vous pouvez ensuite faire glisser les calendriers existants sur le groupe pour les y placer. Pour créer un nouveau calendrier dans le groupe, sélectionnez ce dernier puis cliquez sur **Fichier → Nouveau calendrier**.

Pour retirer un calendrier d'un groupe, faites-le glisser à l'extérieur du groupe.

Y a pas plus pratique !

Ajoutez un événement dans le calendrier

1 Si nécessaire, ouvrez le volet des calendriers pour sélectionner celui dans lequel vous souhaitez créer l'événement.

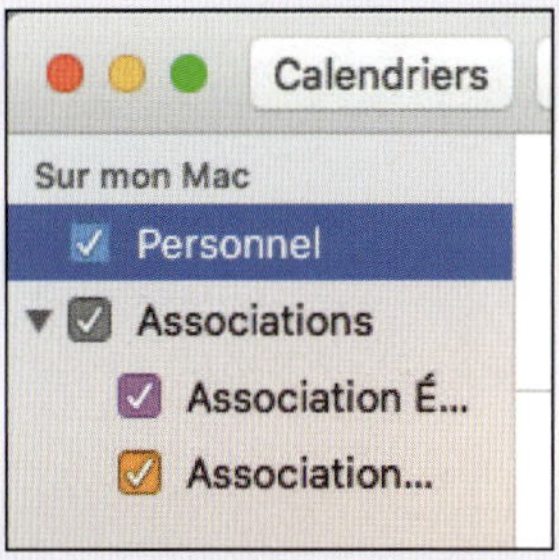

2 Cliquez sur l'un des boutons du mode d'affichage pour trouver la date à laquelle ajouter l'événement. Le plus simple reste d'utiliser le mode d'affichage Jour ou Semaine.

3 Faites glisser un intervalle de temps sur le jour de l'événement.

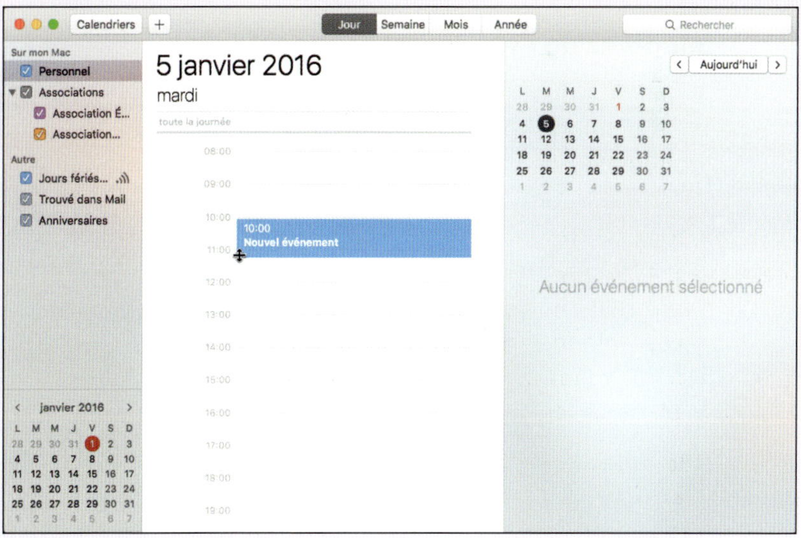

4 Saisissez un titre pour l'événement.

5 Pour modifier l'heure et le jour, cliquez sur la ligne affichant la date et l'heure pour afficher des options supplémentaires.

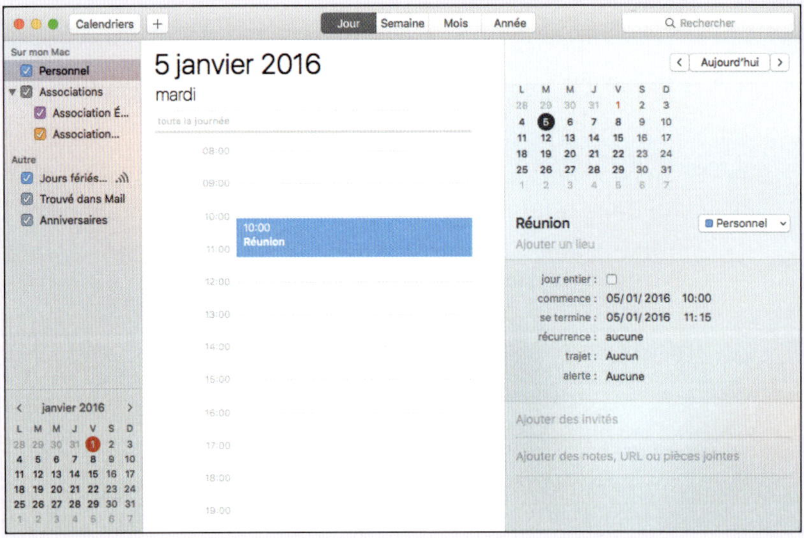

Y a pas plus malin !

Modifiez un événement

Pour modifier un événement, cliquez dessus puis apportez les modifications souhaitées dans le volet de droite. Vous pouvez aussi double-cliquer l'événement pour afficher une info-bulle.

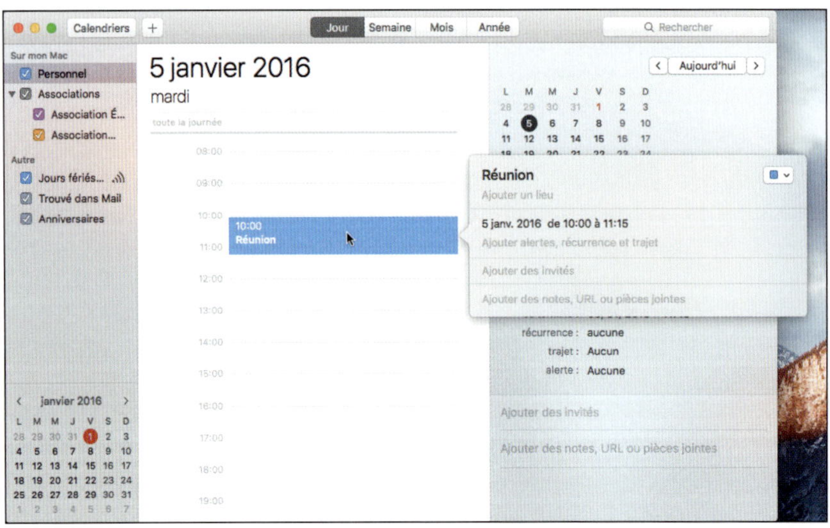

Dans le volet vous pouvez modifier les différentes options :

- **Nom de l'événement**. Vous pouvez modifier le libellé de votre événement.
- **Lieu**. Modifier l'emplacement de l'événement.

- **Jour entier**. Cochez si l'événement dure toute la journée.
- **Commence/Se termine**. Saisissez la date et l'heure de départ et de fin.
- **Récurrence**. Sélectionnez une fréquence de répétition.
- **Trajet**. Indiquez la durée de trajet pour vous rendre au lieu de rendez-vous.
- **Calendrier**. Cliquez sur le bouton en haut à droite pour choisir le calendrier dans lequel doit se placer cet événement.
- **Alerte**. Indiquez si vous souhaitez un rappel avant l'événement. Si vous activez une alarme, indiquez à quel moment elle doit se déclencher. Vous pourrez configurer plusieurs alarmes pour un même événement.

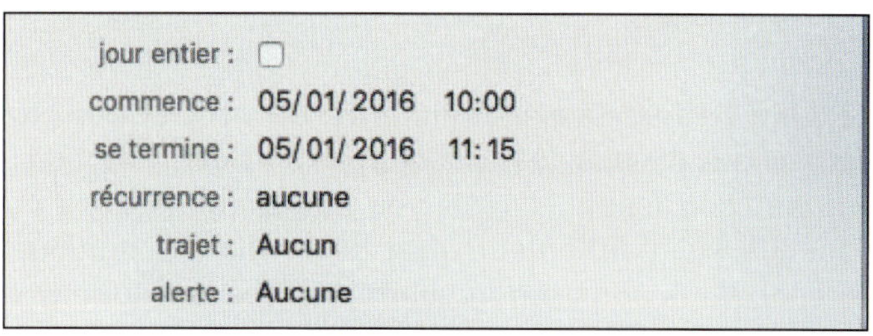

- **Invités**. Ajoutez des invités pour l'événement. Il s'agit d'adresses de messagerie, et Calendrier envoie des invitations par courriel aux personnes concernées.
- **Notes**. Cliquez pour ajouter des commentaires.
- **Pièces jointes**. Ajoutez des fichiers joints à l'événement.

- **URL**. Cliquez pour ajouter une URL à l'événement.

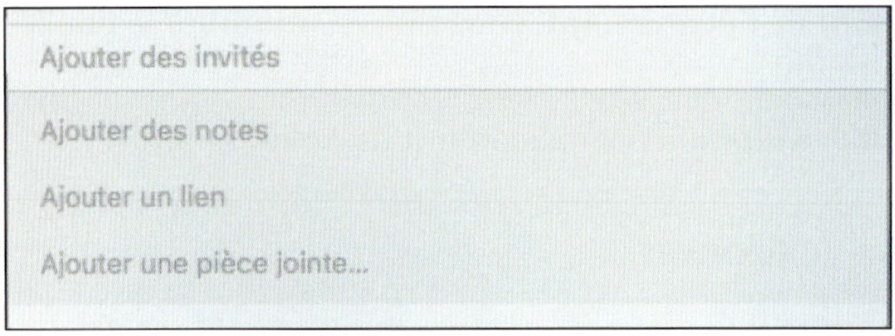

Lorsque vous avez terminé de modifier l'événement, cliquez n'importe où pour fermer l'info-bulle.

Y a pas plus malin !

Supprimez un événement

Si vous souhaitez supprimer un événement, Ctrl-cliquez-le puis sélectionner **Supprimer**.

Y a pas plus pratique !

Imprimez des calendriers et des listes de tâches

Le but d'un agenda électronique est de remplacer le papier, mais il est vrai que si vous ne possédez pas d'appareil mobile (téléphone, iPhone) permettant d'avoir vos informations dans votre poche, l'agenda sur l'ordinateur n'est pas vraiment pratique en déplacement. Vous pouvez donc imprimer vos calendriers et vos listes de tâches. Pour cela, cliquez sur **Fichier ➜ Imprimer**. Dans la liste **Présentation**, sélectionnez la présentation souhaitée. Utilisez les listes **Commence** et **Se termine** pour préciser la plage de dates et cochez les cases des calendriers à imprimer. Si vous sélectionnez un groupe de calendriers, tous les calendriers de ce groupe seront imprimés. Précisez éventuellement d'autres options d'impression.

Utilisez la liste **Taille du texte** pour sélectionner une taille de texte pour les en-têtes d'événements. Cliquez sur **Continuer**, sélectionnez ensuite une imprimante et une configuration prédéfinies, puis cliquez sur **Imprimer**.

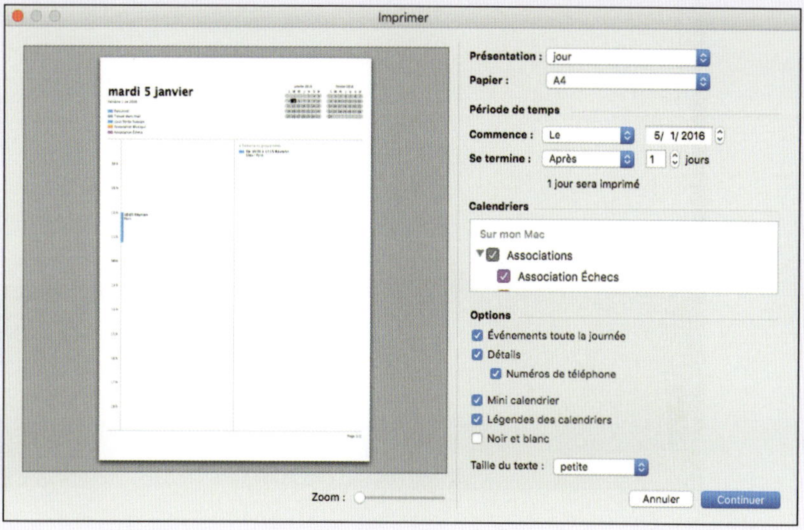

Utilisez Contacts

L'application Contacts permet, comme son nom l'indique, de gérer vos contacts. Vous y indiquez les numéros de téléphone, les adresses de courriel ainsi que les adresses postales. Vous démarrez Contacts à partir du Dock, du Launchpad ou du dossier Applications.

Y a pas plus pratique !

Ajoutez des contacts

1 Cliquez sur le bouton Créer une fiche (**+**) en bas à gauche du volet de droite, puis cliquez sur **Nouveau contact**.

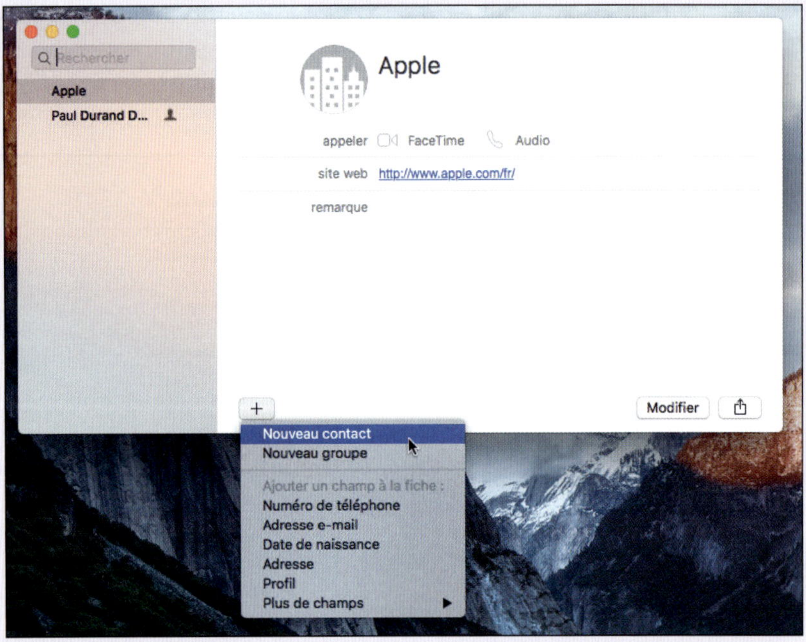

2. Une nouvelle fiche apparaît dans le volet de droite. Le prénom s'affiche en surbrillance. Saisissez le prénom de la personne, et appuyez sur la touche **Tabulation** pour passer au champ suivant, le nom de famille, puis appuyez de nouveau sur la touche **Tabulation** pour avancer d'un champ.

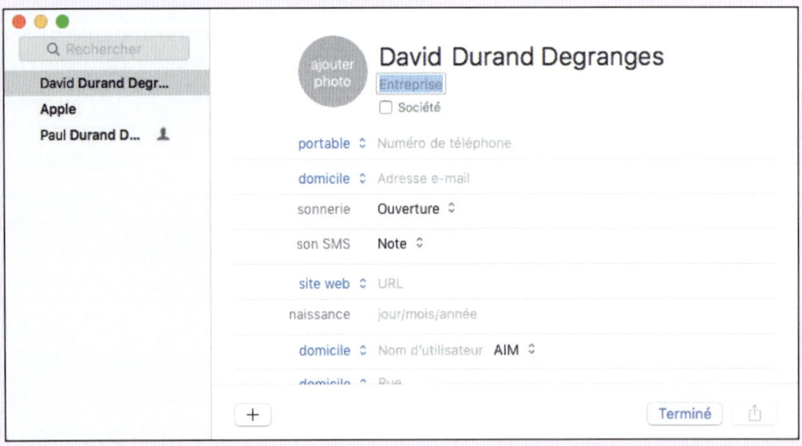

3. Si nécessaire, saisissez le nom de la société pour laquelle la personne travaille.

4. Renseignez tous les champs de la fiche en vous déplaçant à l'aide de la touche **Tabulation** ou en utilisant la souris pour cliquer directement sur les champs à modifier.

5. Si nécessaire, cliquez sur le bouton Retirer (–) pour supprimer les champs inutiles.

6. De plus, vous pouvez cliquer sur les libellés des champs pour les modifier.

7. Lorsque vous avez terminé de saisir la fiche, cliquez sur le bouton **Terminer** au bas de la page.

Y a pas plus malin !

Modifiez un contact

Sélectionnez le contact à modifier, puis cliquez sur le bouton **Modifier**. Les champs du contact s'affichent alors en mode modification. Lorsque vous avez fini les modifications, cliquez sur **Terminé**.

Y a pas plus malin !

Modifiez la photo du contact

Pour modifier la photo d'un contact, sélectionnez sa fiche puis utilisez l'une des deux techniques suivantes :

- Faites glisser une image de la fenêtre du Finder (ou d'un programme tel que iPhoto) sur le cadre représentant la photo du contact.
- Double-cliquez sur le cadre représentant la photo du contact puis, dans la fenêtre qui s'ouvre, choisissez l'image à utiliser.

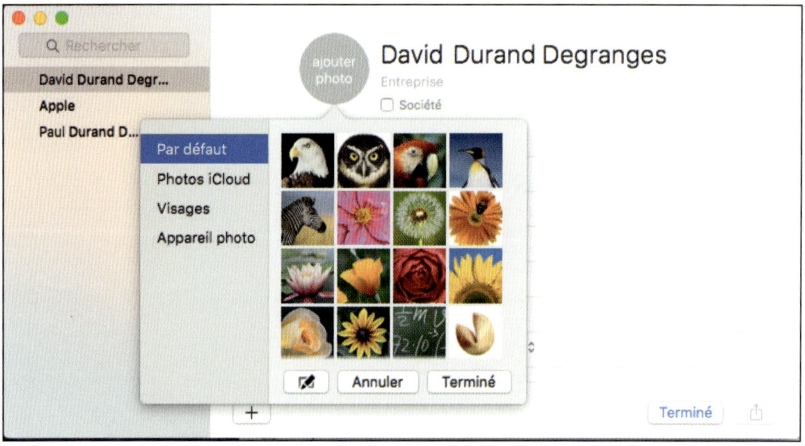

Y a pas plus malin !

Imprimez les adresses

Carnet d'adresses offre plusieurs possibilités d'impression. Comme avec la majorité des applications, cliquez sur **Fichier → Imprimer** pour ouvrir la boîte de dialogue d'impression. Dans le menu local **Style**, sélectionnez le type d'impression que vous souhaitez, par exemple une seule adresse pour une enveloppe ou une étiquette, ou l'ensemble de votre carnet d'adresses imprimé sous la forme d'une liste.

Créez des notes

L'application Notes (accessible par défaut à partir du Dock) permet la saisie de notes rapides. L'avantage de ces notes, c'est qu'elles peuvent être synchronisées avec un compte iCloud ou Gmail afin que vous y accédiez à l'aide d'un iDevice ou à partir de n'importe quel navigateur Web.

L'utilisation de Notes est assez intuitive.

- Pour créer une nouvelle note, cliquez sur l'icône **Créer une note**, dans la barre d'outils.
- Pour afficher une note, cliquez dessus dans le volet de gauche.

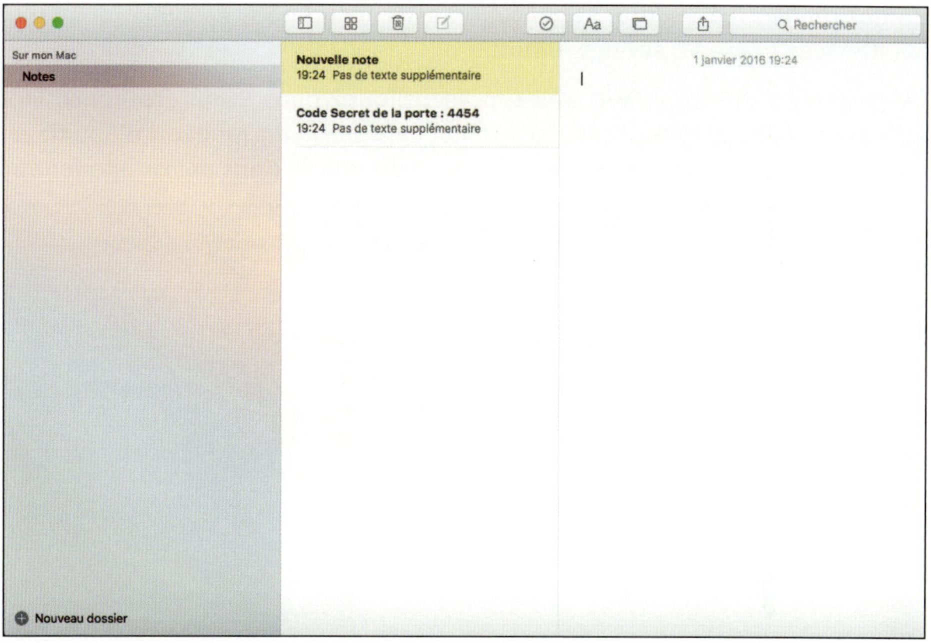

- Pour afficher ou masquer les comptes distants (Gmail, iCloud, *etc.*), cliquez sur le bouton **Afficher les dossiers** dans la barre d'outils.

- Pour supprimer une note, sélectionnez-la, puis cliquez sur la Corbeille.
- Pour partager une note, cliquez sur **Partager** puis indiquez comment vous souhaitez partager votre note.

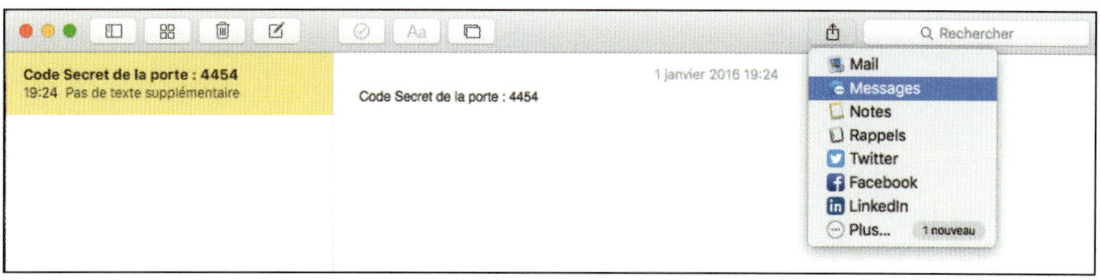

Créez des rappels

L'application Rappels, accessible par défaut dans le Dock, permet de créer des rappels, c'est-à-dire de gérer votre liste de tâches à faire, avec ou sans date butoir. Vous pouvez même déclencher un rappel lorsque vous arrivez ou quittez un lieu. Là encore, l'application est conçue pour se synchroniser avec les iDevices grâce au service iCloud.

La création d'un rappel est très simple : cliquez dans l'une des lignes vides. Saisissez le libellé du rappel. Pour régler une alerte en fonction d'une date ou d'un lieu, cliquez sur le ***i*** à droite du libellé du rappel pour ouvrir une fenêtre.

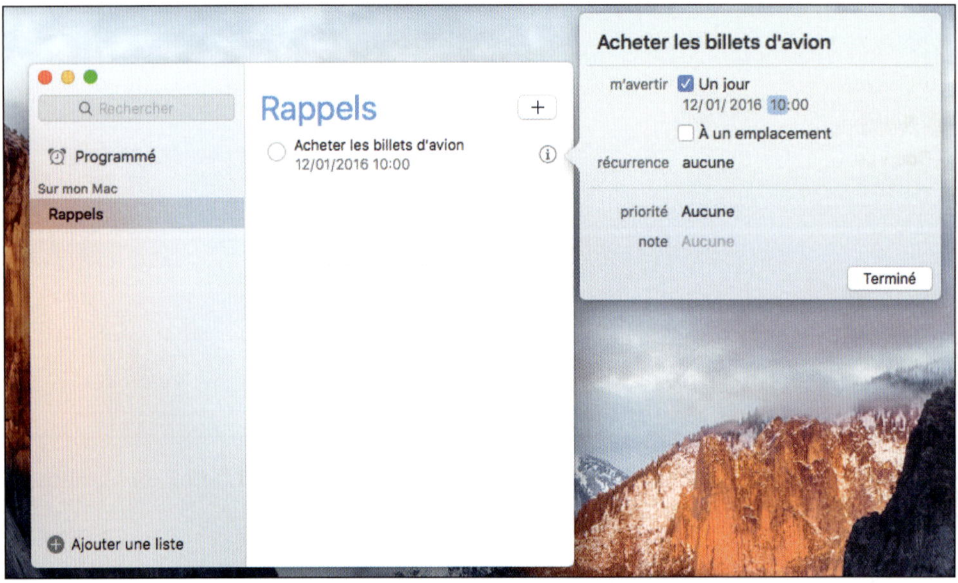

Vous avez la possibilité de créer plusieurs listes (par exemple, une liste des courses dans laquelle vous indiquez tout ce que vous devez acheter). Pour cela, cliquez sur le bouton **+** en bas du volet de gauche puis nommez votre liste.

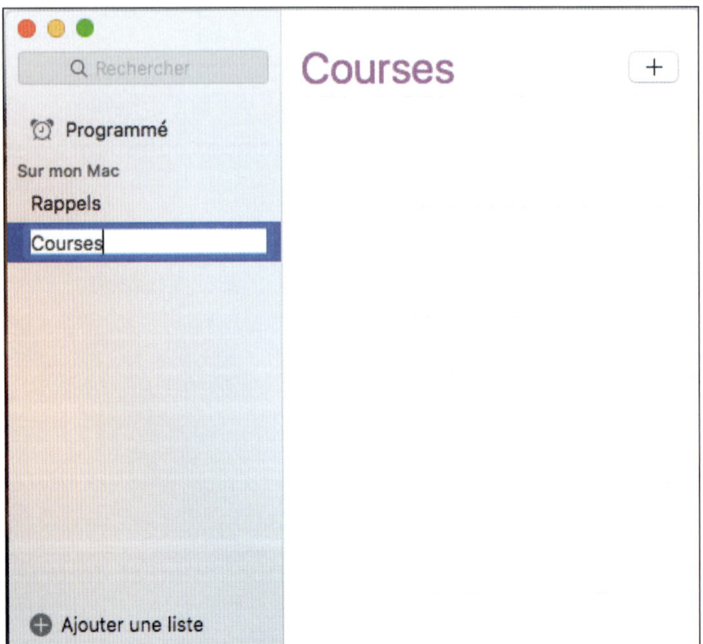

Après avoir effectué la tâche indiquée par le rappel, cliquez dans la case à droite du libellé. Le rappel se place automatiquement dans une liste nommée **Terminé**.

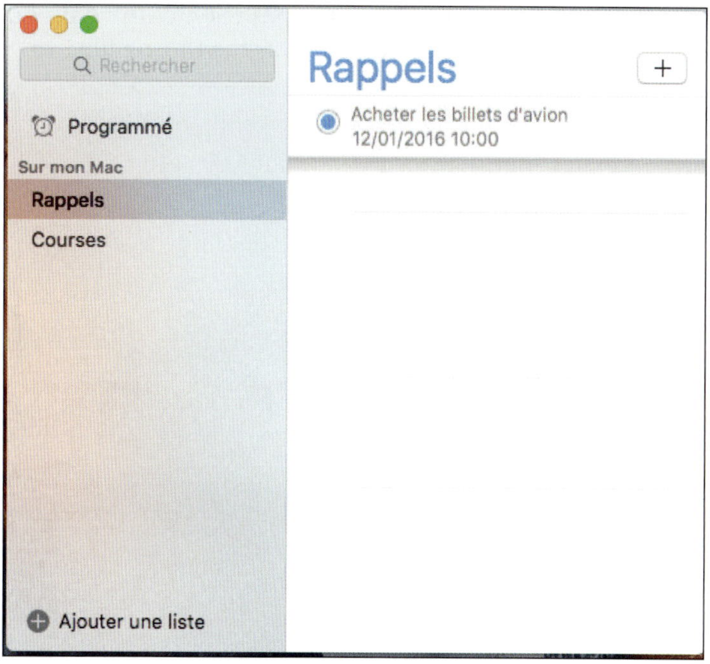

Chapitre

8

Profitez de vos photos numériques

La photo numérique est devenue banale et il est fort probable que vous possédiez un appareil photo numérique ou un téléphone qui fait office d'appareil photo. Grâce à votre Mac, vous allez pouvoir récupérer, stocker et gérer vos photos. Une fois que vos photos seront sur votre ordinateur, vous pourrez les classer, les retoucher, les imprimer et même les envoyer par courrier électronique à vos proches.

- Présentation de Photos
- Importez les photos
- Classez les photos
- Triez vos photos
- Imprimez vos photos
- Utilisez Transfert d'images
- Utilisez Photo Booth

Découvrez Photo

L'application Photos, qui est installée d'origine sur votre Mac, permet d'organiser vos images dans des dossiers, mais aussi de retoucher les photos et de les partager avec vos connaissances.

Ce programme est très simple à utiliser. Le transfert des photos d'un appareil numérique est un jeu d'enfant. En effet, lorsque vous connectez votre appareil photo numérique, Photo s'ouvre automatiquement. Il vous suffit alors de sélectionner les photos que vous souhaitez importer dans votre bibliothèque. Notez que Photos importe également les vidéos que vous avez pu faire avec votre appareil photo. Si vous utilisez un iPhone, Photos est capable de reconnaître les ralentis, les accélérés, les photos en rafale, les captures d'écran ou encore les autoportraits que vous avez réalisés.

Y a pas plus pratique !

Importez des photos avec Photos

Avant de pouvoir manipuler les photos dans Photos, vous devez les importer sur votre ordinateur. Il existe plusieurs méthodes pour réaliser cette tâche, mais la plus courante consiste à connecter l'appareil photo numérique à votre Mac à l'aide d'un câble USB. Il est aussi possible d'insérer la carte mémoire de l'appareil photo numérique dans le lecteur de cartes SD qui équipe certains modèles de Mac ou dans un lecteur de cartes externe que vous pouvez acheter séparément.

1. Connectez votre appareil photo numérique à l'un des ports USB de votre Mac, puis mettez l'appareil photo sous tension. Une fois que celui-ci est reconnu, Photo l'affiche dans la liste Source. Si Photos ne s'affiche pas automatiquement, démarrez l'application en cliquant sur son icône dans le Dock (ou en double-cliquant sur cette icône dans le dossier Applications).

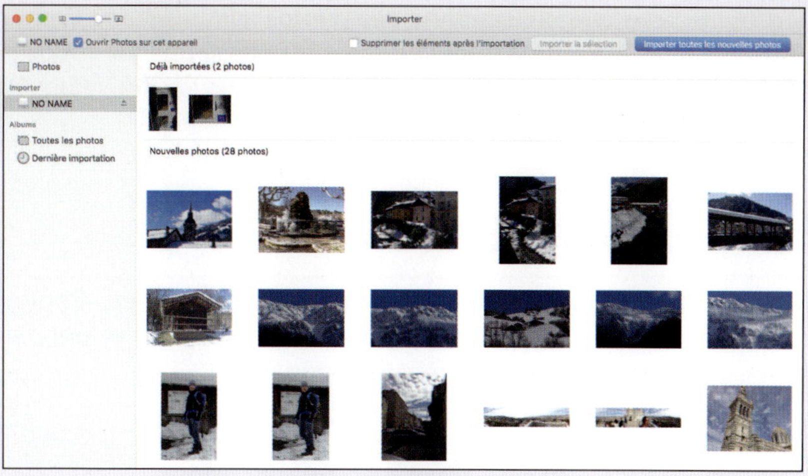

2. La fenêtre Importer apparaît et les photos se trouvant dans l'appareil photo numérique s'affichent. Si vous souhaitez importer uniquement certaines photos, vous pouvez les sélectionner en cliquant dessus. Vous repérez les photos sélectionnées grâce à la coche dans un rond bleu.

3. Dans la partie supérieure de la fenêtre, vous trouvez les photos présentes sur votre appareil photo qui ont déjà été importées. Il est également possible de les sélectionner pour les importer de nouveau (ce qui a peu d'intérêt, sauf si vous rencontrez un problème avec des photos déjà importées dans Photos).

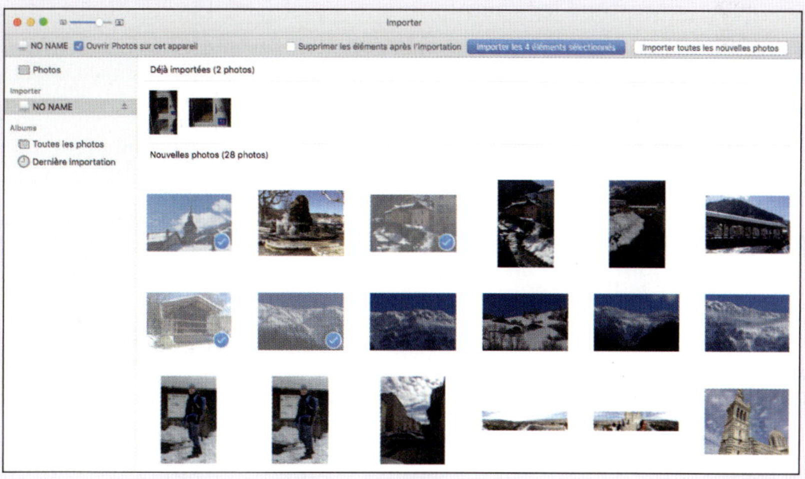

4. Si vous avez sélectionné des photos, cliquez sur le bouton **Importer les X éléments sélectionnés**. Si vous souhaitez importer la totalité des photos, cliquez sur **Importer tous les nouveaux éléments**.

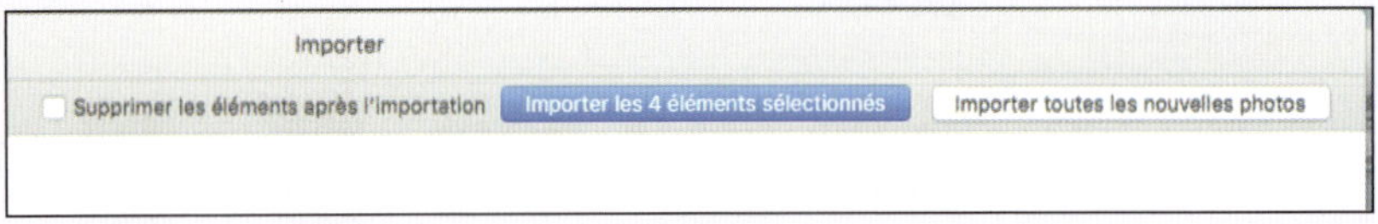

5. Lorsque l'opération d'importation est terminée, Photos affiche l'élément **Dernière importation** et, dans le volet principal, vous pouvez voir les photos correspondantes.

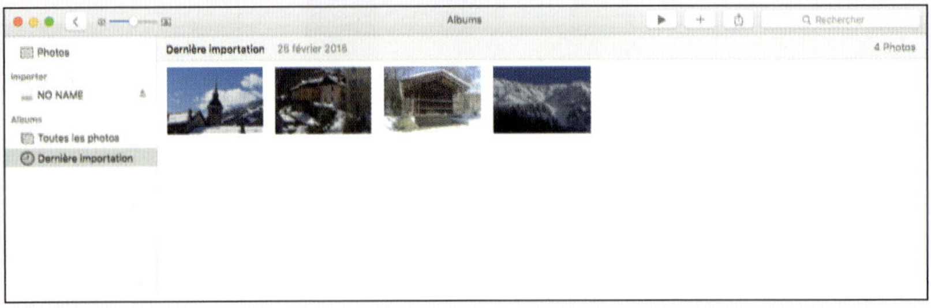

Affichez vos photos

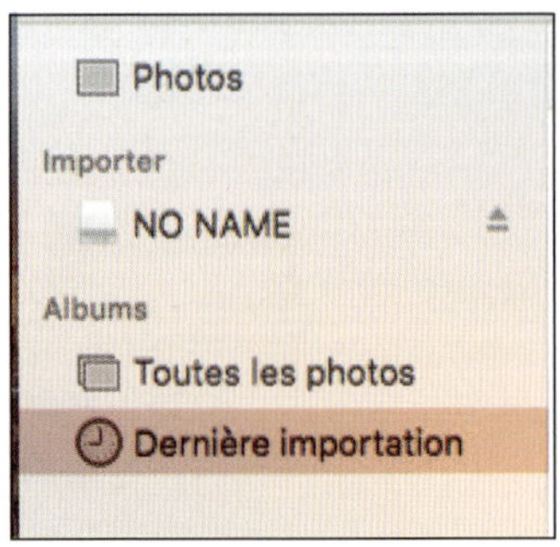

Vous pouvez vérifier les dernières photos que vous avez importées en cliquant sur l'élément **Dernière importation** de la liste **Source**. Les photos apparaissent dans le volet principal. Gardez à l'esprit que Photos affiche automatiquement l'élément **Dernière importation** à la fin de l'importation des photos.

Utilisez le curseur placé en haut à gauche de la fenêtre pour modifier la taille des vignettes et pour travailler plus facilement. Vous pouvez agrandir une photo afin qu'elle occupe la totalité du volet de visualisation de Photos. Pour cela, double-cliquez sur la photo. Pour revenir à l'affichage des vignettes, double-cliquez de nouveau ou appuyez sur le bouton **Retour** placé en haut à gauche du curseur de zoom, dans la barre d'outils. Notez qu'un bouton apparaît afin de masquer la liste source pour vous permettre d'utiliser toute la fenêtre pour afficher la photo. En plaçant le pointeur de la souris sur le bord gauche ou sur le bord droit de la photo, des boutons apparaissent et vous permettent d'afficher la photo précédente ou suivante.

Vous avez la possibilité d'afficher l'application Photos en plein écran en utilisant le bouton placé en haut à gauche de la fenêtre. Lorsque vous êtes en mode plein écran, les barres d'outils disparaissent au bout de quelques secondes.

Y a pas plus pratique !

Orientez vos photos

Certains appareils photo numériques orientent automatiquement les photos prises en mode portrait (plus hautes que larges). Si votre appareil n'effectue pas cette rotation automatique, vous devez effectuer l'opération manuellement.

1. Ctrl-cliquez sur la photo dont vous souhaitez modifier l'orientation.

2. Cliquez sur **Faire pivoter vers la droite**. Par défaut, les photos pivotent dans le sens des aiguilles d'une montre. Pour faire pivoter les photos dans le sens antihoraire, avant de cliquer, appuyez sur la touche `Option` pour obtenir **Faire pivoter vers la gauche**.

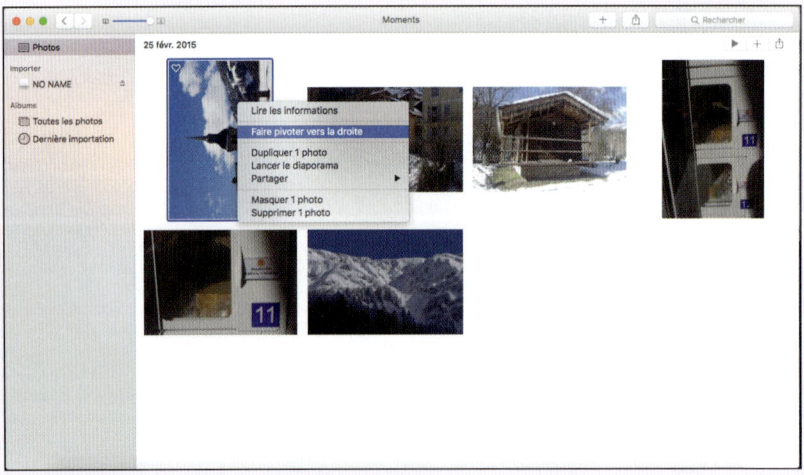

Y a pas plus pratique !

Supprimez des photos

Si vous ne souhaitez pas conserver l'une des photos que vous avez importées, sélectionnez-la puis appuyez sur la touche **Suppr**. Vous pouvez également faire glisser cette photo dans la corbeille, **Suppressions récentes**, placée dans la liste **Source**, si vous êtes en mode plein écran : Ctrl-cliquez sur la photo, puis cliquez sur la Corbeille.

Lorsque vous effacez une photo, elle reste dans la corbeille Suppression récente pendant trente jours. Si vous changez d'avis et souhaitez récupérer une photo, cliquez sur la Corbeille pour afficher les photos qu'elle contient. Cliquez sur la photo à récupérer et choisissez **Récupérer**.

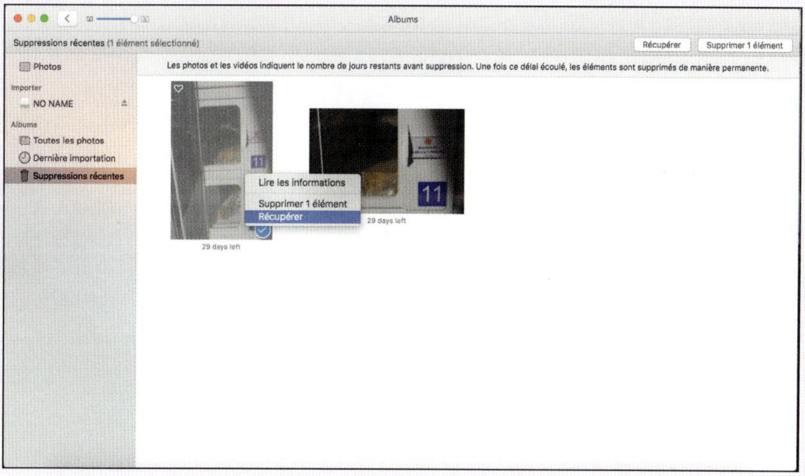

Classez les photos à l'aide de mots-clés

Les mots-clés sont utiles pour classer les photos. Photos utilise des mots-clés prédéfinis (anniversaires, enfants, famille, favori, séquence, vacances) et il est possible de modifier ces mots-clés et d'en ajouter selon vos besoins. Vous pouvez attribuer plusieurs mots-clés à une image.

Y a pas plus malin !

Utilisez les mots-clés

- Cliquez sur **Fenêtre → Gestionnaires de mots-clés**. Cliquez sur le bouton **Modifier les mots-clés**. Dans la nouvelle fenêtre qui s'affiche, créez ou modifiez des mots-clés. Lorsque vous avez terminé, cliquez sur le bouton **OK**.

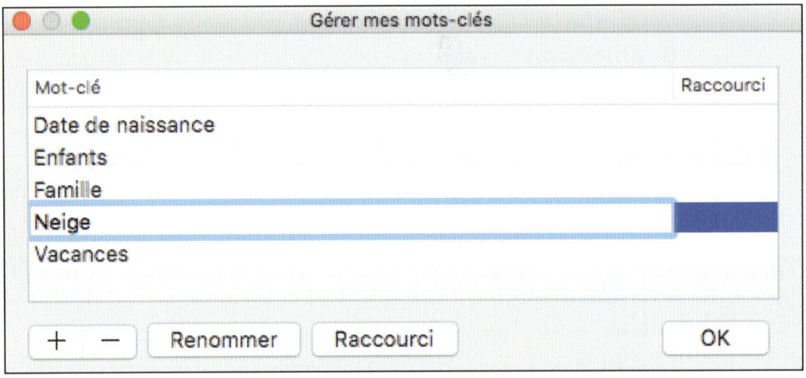

- Pour ajouter des mots-clés à vos photos, cliquez sur les mots-clés souhaités pour les sélectionner.

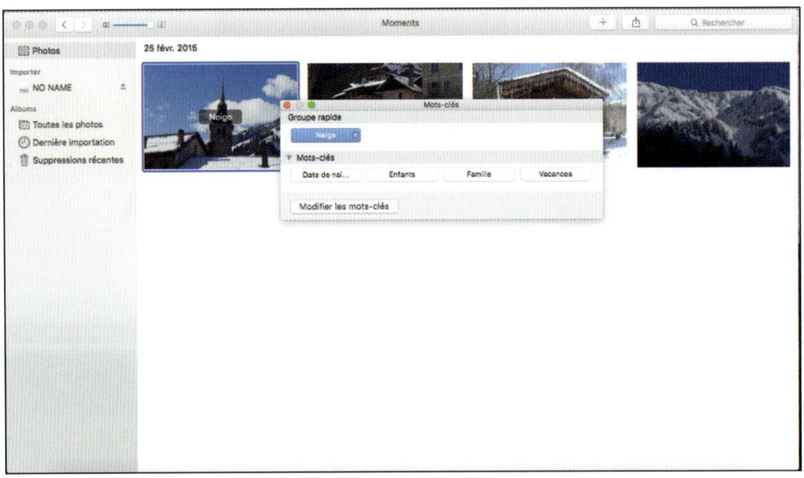

- Vous avez la possibilité d'afficher les mots-clés sur les photos. Pour cela, cliquez sur **Présentation → Métadonnées → Mots-clés** ; une coche s'affiche en regard de la commande. Cliquez sur l'étiquette en bas à gauche des photos pour afficher une info-bulle contenant les mots-clés.

- Vous pouvez aussi afficher les informations en sélectionnant **Fenêtre → Information**.

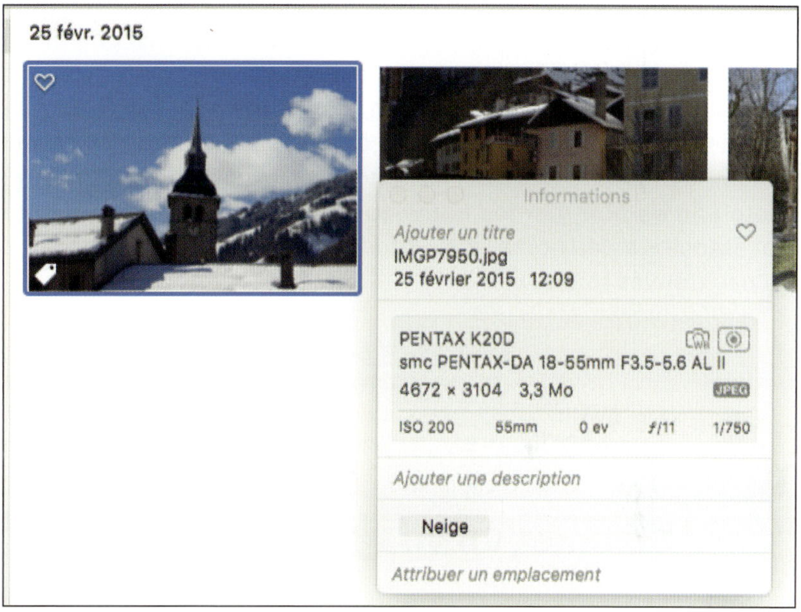

Placez une photo dans les favoris

Une méthode permettant de retrouver rapidement des photos consiste à indiquer vos photos favorites. Affichez la photo à placer dans les favoris, puis cliquez sur le coeur en haut à droite de la fenêtre.

Dans la liste Source, vous voyez apparaître un nouvel élément Favoris dès lors que vous avez désigné au moins une photo favorite.

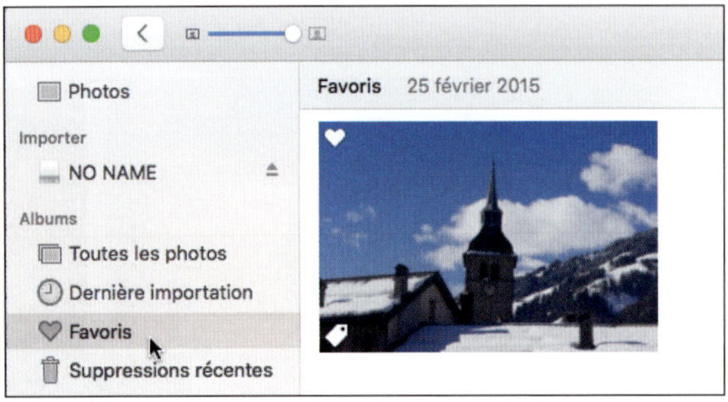

Triez les photos avec Visages

Avec Visages, Photos analyse toutes les photos de votre bibliothèque et reconnaît les visages placés sur les photos. Vous pouvez ainsi obtenir toutes les photos sur lesquelles se trouve une personne précise. Sur le papier, cet outil semble très pratique, mais à l'utilisation, les résultats ne sont pas toujours parfaits. De plus, Photos n'est pas capable de nommer automatiquement chacun des visages la première fois qu'il les rencontre, c'est donc à vous de vérifier chaque photo afin de nommer les nouveaux visages, de changer le nom des visages mal associés à des noms et éventuellement d'indiquer les visages que Photos n'a pas trouvés tout seul.

Y a pas plus pratique !

Nommez un visage

1. Sélectionnez la photo et double-cliquez-la pour l'afficher en grand.
2. Cliquez sur le bouton *I*, pour afficher le volet d'informations.

3. Cliquez sur **Ajouter des visages**.

4. Un cercle se place sur les visages et une étiquette indique Cliquer pour identifier.

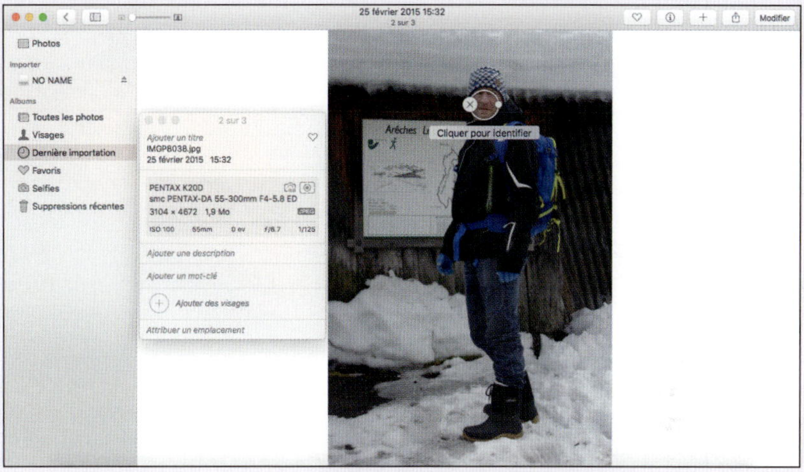

5. Cliquez sur l'étiquette et saisissez le nom. Appuyez sur la touche **`Entrée`** lorsque vous avez terminé.

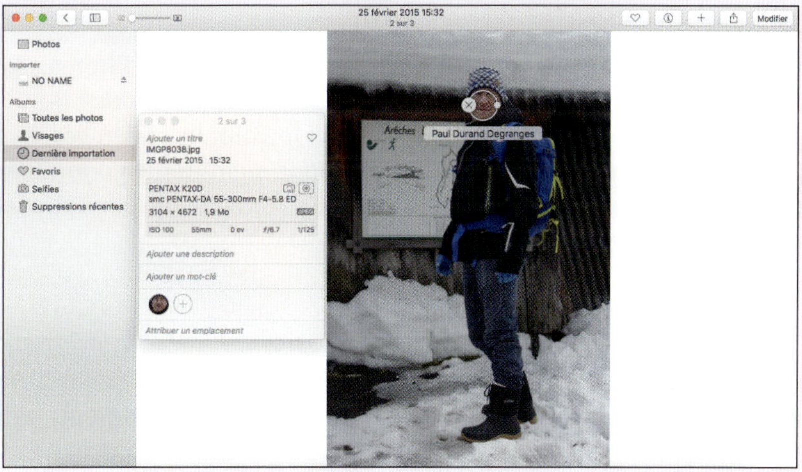

6. Si la photo contient plusieurs visages, recommencez l'Étape 4 pour chacune des étiquettes.

7 Lorsque vous avez nommé des photos, vous accédez à toutes les photos dans lesquelles vous trouvez une personne précise en cliquant sur l'élément Visages dans les albums. La liste de tous les visages s'affiche dans la partie principale de Photos.

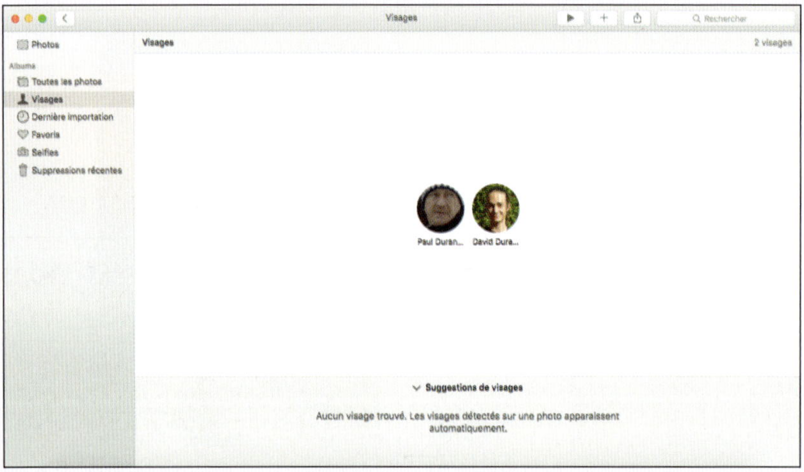

Ajoutez un visage manquant

Il arrive que certains visages ne soient pas détectés par Photos. Vous pouvez remédier à cet oubli en ajoutant vous-même le cadre autour du visage. Pour cela, cliquez sur **Ajouter un visage...** (dans le volet Info). Un cercle s'affiche et vous le faites glisser et le dimensionnez pour délimiter les contours du visage qui a été oublié. Nommez ensuite le visage comme vous le faites avec un cadre placé automatiquement.

Confirmez le nom des visages

Lorsque vous affichez toutes les photos d'une personne précise, Photos peut vous suggérer des visages et vous devez confirmer s'il s'agit ou non de la personne.

Triez les photos avec Lieux

Si vous ne possédez pas un appareil photo qui enregistre les coordonnées GPS de vos photos (comme l'iPhone), vous avez la possibilité d'indiquer manuellement l'emplacement de la photo.

Y a pas plus pratique !

Indiquez le lieu de la photo

1. Sélectionnez ou affichez la photo concernée puis ouvrez la fenêtre Informations.

2. Dans la fenêtre, cliquez sur **Attribuer un emplacement**.

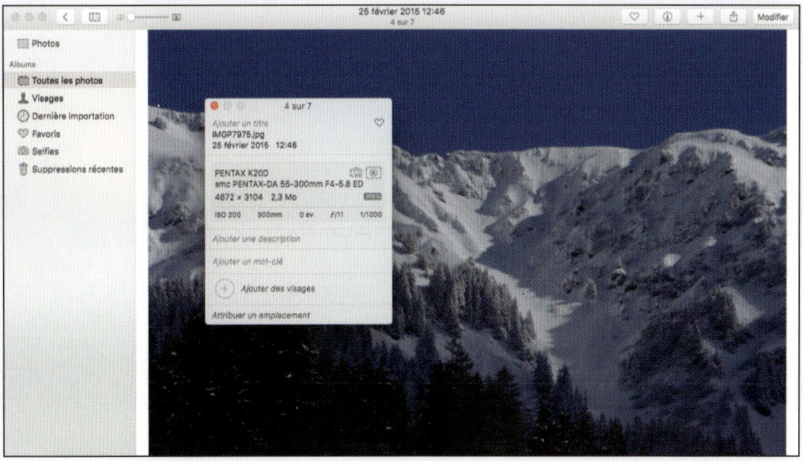

3. Saisissez le lieu, une liste d'emplacements peut s'afficher ; si le lieu souhaité s'y trouve, cliquez-le.

4. Une épinglette s'affiche, si nécessaire, déplacez-la pour ajuster la localisation.

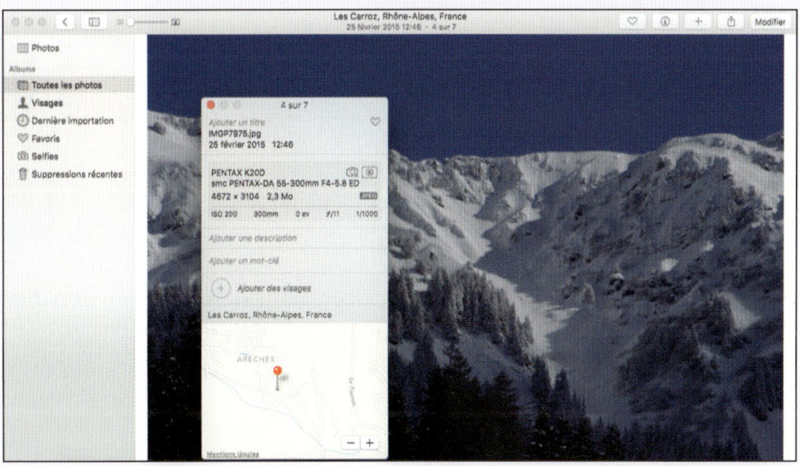

Créez des albums

Les albums sont des dossiers que vous créez et dans lesquels vous pouvez placer et organiser les photos que vous souhaitez.

Y a pas plus pratique !

Créez un album

1. Cliquez sur **Fichier → Nouvel album**. Si vous aviez sélectionné des photos avant la création de l'album, celles-ci y sont automatiquement placées. Pour être certain de créer un album vide, choisissez plutôt **Fichier → Nouvel album vide**.

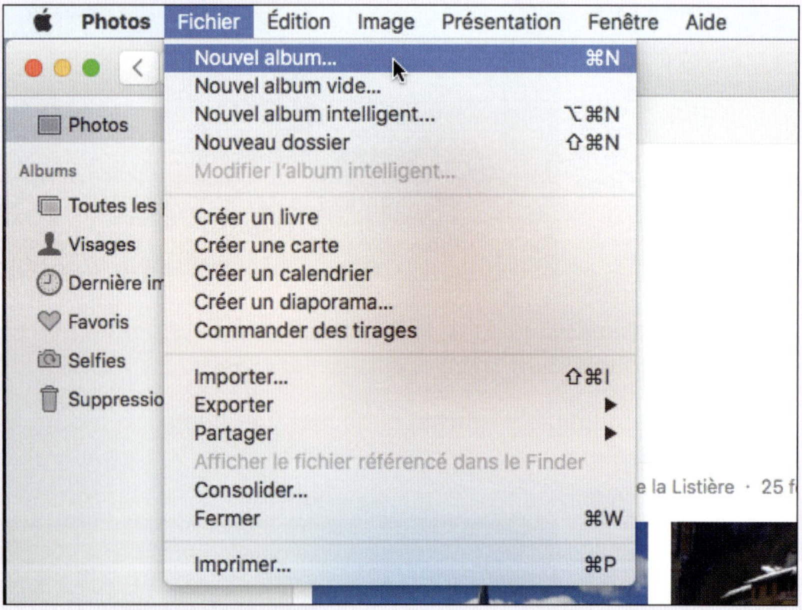

2. Un nouvel album se crée et attend que vous le nommiez. Saisissez le nom, puis cliquez sur **OK**.

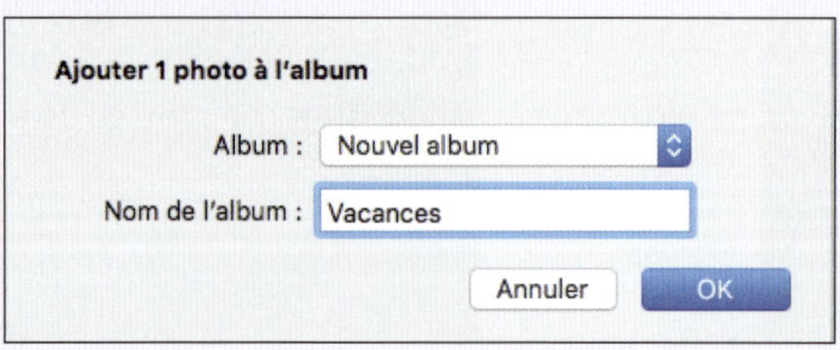

3 Les photos de votre photothèque s'affichent. Sélectionnez les photos à ajouter à l'album puis cliquez sur **Ajouter**.

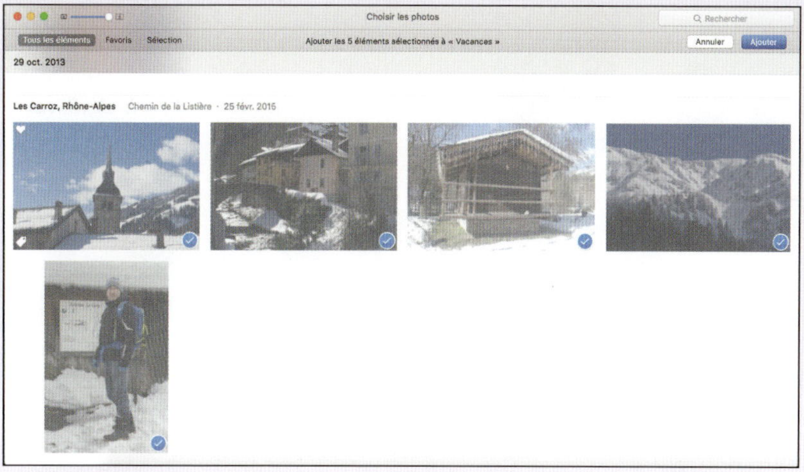

4 L'album s'affiche dans la colonne de gauche et vous pouvez voir les photos que vous avez sélectionnées.

Ajoutez des photos dans un album

Pour ajouter des photos dans un album, affichez les photos souhaitées puis faites-les glisser sur le nom de l'album.

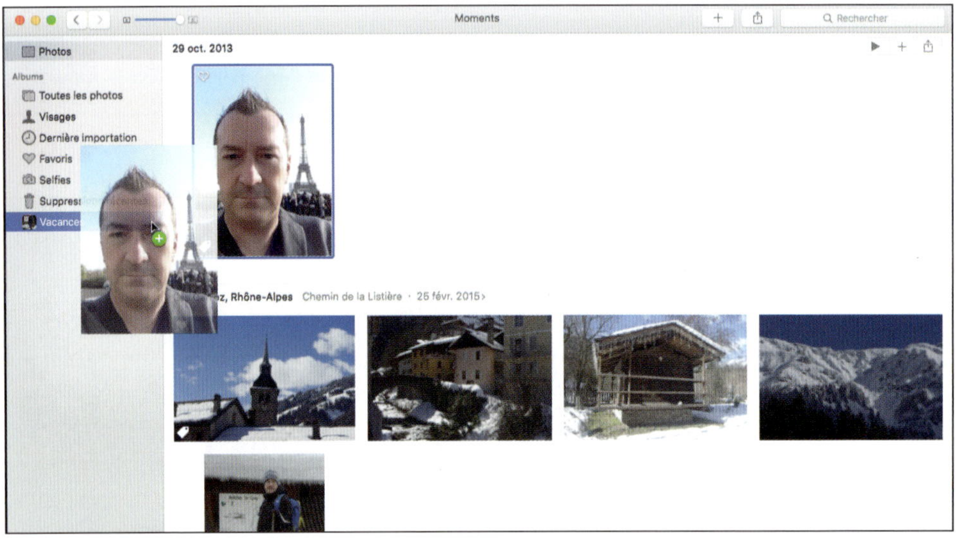

Créez des albums intelligents

Le contenu d'un album intelligent change en fonction de critères que vous avez indiqués lors de la création de l'album. Par exemple, vous pouvez créer un album contenant les photos que vous avez prises à une période précise. Si vous utilisez les mots-clés avec vos photos, vous pouvez également créer un album intelligent contenant toutes les photos avec des mots-clés précis. Dès que vous importez de nouvelles photos et que vous leur attribuez les mots-clés choisis pour l'album intelligent, le contenu de celui-ci est automatiquement mis à jour. Pour créer un album intelligent, cliquez sur **Fichier ➜ Nouvel album intelligent**. Dans la boîte de dialogue qui s'affiche, nommez l'album puis utilisez les listes pour configurer un critère de sélection. Pour ajouter un nouveau critère, cliquez sur le bouton plus (+) placé à la fin d'une ligne.

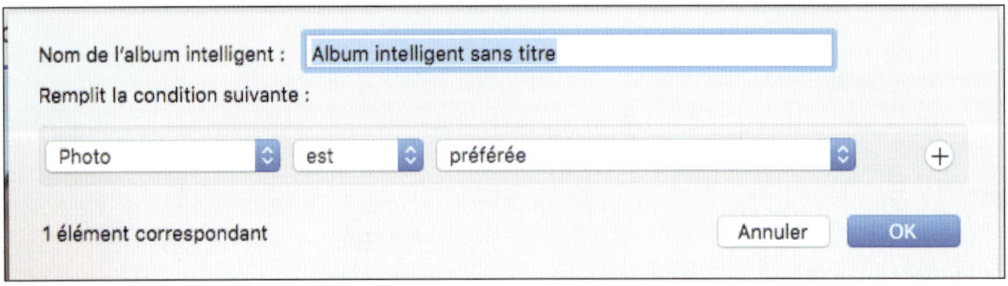

Affichez une photo en mode édition

Pour travailler sur une photo, vous devez l'ouvrir en mode édition. Pour cela, sélectionnez la photo à modifier, puis cliquez sur le bouton **Modifier** (en haut à droite). La photo s'affiche en mode édition. Vous pouvez sélectionner une autre photo à tout instant pour la modifier. Si vous souhaitez changer de photo, utilisez les touches flèche à droite ou flèche à gauche.

Sur le bord droit de la fenêtre, vous trouvez les commandes permettant de modifier la photo. Lorsque vous avez terminé de modifier la photo, vous sortez du mode édition en cliquant sur le bouton **Terminé**. Si vous ne souhaitez pas conserver les modifications, appuyez sur le bouton **Revenir à l'original** puis cliquez sur **Terminé** pour sortir du mode édition.

Imprimez rapidement une photo

L'impression d'une photo est très rapide. Pour cela, cliquez sur la photo à imprimer (vous pouvez également sélectionner plusieurs photos). Cliquez sur **Fichier → Imprimer**. Une nouvelle fenêtre s'affiche et vous propose dans la partie de droite les options d'impression.

Si nécessaire, sélectionnez votre imprimante et configurez la taille du papier. Choisissez une disposition pour l'image et lorsque les réglages sont corrects, cliquez sur le bouton Imprimer. La boîte de dialogue Imprimer s'affiche. Pour démarrer l'impression, cliquez sur le bouton **Imprimer**.

Utilisez Transfert d'images

L'application Transfert d'images permet de transférer sur votre Mac les images d'un appareil photo numérique sans passer par Photos. Transfert d'images peut s'ouvrir automatiquement lorsque vous connectez un appareil photo numérique à votre ordinateur et vous pouvez également l'utiliser pour désigner l'application qui s'ouvre lorsque vous connectez l'appareil photo numérique.

Avant de connecter votre appareil photo numérique à l'ordinateur, lancez Transfert d'images à partir du Launchpad ou du dossier Applications. Une fois que le programme est ouvert, connectez votre appareil photo. Il est possible qu'une autre application s'ouvre (généralement, il s'agit de Photos). Si c'est le cas, démarrez manuellement l'application **Transfert d'images**.

Le contenu de la mémoire de votre appareil photo s'affiche dans la fenêtre de Transfert d'images. Au bas du volet principal, un menu local vous permet d'indiquer l'action que vous souhaitez entreprendre avec les photos sélectionnées. Vous pouvez les placer dans le dossier Images, le dossier de votre choix, les envoyer vers une application, créer une page Web ou créer un fichier PDF contenant une planche-contact des photos. Lorsque vous avez fait votre choix, cliquez sur **Importer**.

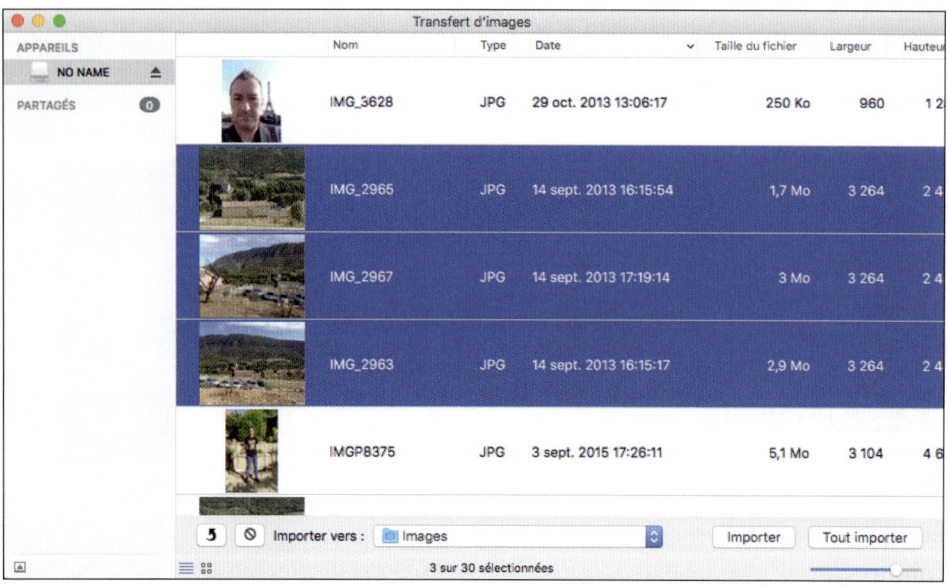

Y a pas plus malin !

Spécifiez l'action à entreprendre à la connexion

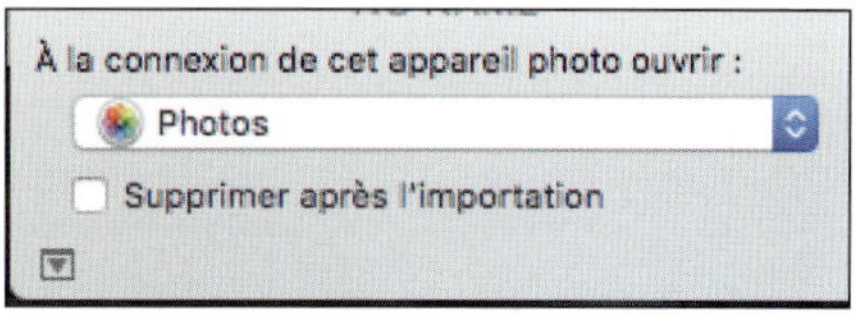

Au bas du volet de gauche de l'application Transfert d'images, le menu local **À la connexion de cet appareil photo** permet de spécifier l'action qu'entreprend votre Mac lorsque vous connectez un appareil photo.

Photo Booth

Si vous possédez une caméra iSight ou une autre caméra, vous pouvez utiliser Photo Booth pour prendre des photos ou créer une petite vidéo. Vous avez aussi la possibilité d'ajouter un arrière-plan ou des effets visuels aux photos ou aux vidéos. Les photos peuvent servir pour votre compte d'utilisateur ou pour les contacts d'iChat, vous pouvez les envoyer par courriel, les afficher dans un diaporama ou les imprimer. Photo Booth enregistre vos photos et vos films dans un dossier appelé **Photo Booth** qui se trouve dans votre dossier **Images**.

Si votre ordinateur n'intègre pas de caméra, connectez-en une compatible. Démarrez Photo Booth (à partir du Dock, du Launchpad ou du dossier Applications). Cliquez sur le bouton **Prendre une image fixe**, puis, lorsque vous êtes prêt, cliquez sur le bouton **Obturateur**.

Après un décompte de trois secondes, l'écran flashe et Photo Booth prend une photo. L'image apparaît sous la forme d'une miniature au bas de la fenêtre.

Chapitre

9

Lisez et créez des vidéos

Votre Mac gère la vidéo sans aucune difficulté. Certains modèles sont équipés d'un lecteur de DVD que vous pouvez utiliser pour regarder un film. Il vous arrivera aussi de télécharger des vidéos sur des sites Web (en toute légalité) ou de recevoir des fichiers de la part de vos proches. Vous verrez dans ce chapitre à quel point il est simple d'ouvrir et de regarder ces fichiers sur votre ordinateur. Enfin, si vous possédez un Caméscope numérique, nous vous expliquerons les bases du fonctionnement d'iMovie, un logiciel que vous utiliserez pour monter et partager vos vidéos familiales.

- Lisez un DVD vidéo
- Lisez une vidéo avec QuickTime Player
- Découvrez iMovie
- Importez une vidéo sur le Mac
- Organisez les vidéos
- Créez un projet iMovie
- Ajoutez un titre, des transitions et des effets sonores
- Partagez un film avec iTunes

Lisez un DVD vidéo

Si votre Mac est équipé d'un lecteur de DVD, vous utilisez l'application Lecteur DVD pour lire un DVD vidéo. Il vous est alors possible de regarder le film en mode plein écran ou dans une fenêtre pendant que vous travaillez avec d'autres applications. Lecteur DVD offre des contrôles de lecture et du volume.

Y a pas plus malin !

Lisez un DVD vidéo

- Insérez le DVD dans le lecteur de votre Mac et le programme Lecteur DVD s'ouvre automatiquement et démarre la lecture du DVD en plein écran.
- Si le DVD vidéo que vous avez inséré comporte un menu, cliquez sur le bouton permettant de démarrer la lecture. Si vous le souhaitez, vous pouvez cliquer sur les autres boutons permettant de configurer la lecture du film, par exemple, le choix de la langue et du sous-titrage.
- Si vous déplacez le curseur de la souris au bas de l'écran, les contrôles de lecture s'affichent.

- Pour lire la vidéo dans une fenêtre, vous pouvez appuyer à tout instant sur les touches **Cmd** + **F**. Vous pouvez aussi appuyer sur la touche **Échap** ou afficher le panneau de commande et cliquer sur **Quitter le mode plein écran**.

Lisez une vidéo avec QuickTime Player

Votre Mac est équipé de QuickTime Player qui permet de lire différents types de fichiers de vidéo numérique, mais également des fichiers audio. Vous utiliserez couramment QuickTime Player pour lire des fichiers vidéo stockés sur votre Mac, mais également des vidéos sur le Web. Sachez que lorsque vous rencontrerez des pages Web contenant des vidéos qui nécessitent QuickTime Player, celui-ci se lancera automatiquement sans que vous ayez à intervenir.

Y a pas plus pratique !

Lisez un fichier vidéo

- Démarrez QuickTime à partir du Launchpad ou du dossier Applications. La barre de menus QuickTime s'affiche, il n'y a pas de fenêtre de programme. Cliquez sur **Fichier → Ouvrir un fichier**. Dans la boîte de dialogue Ouvrir, sélectionnez le fichier que vous souhaitez lire, puis cliquez sur **Ouvrir**. QuickTime ouvre une fenêtre de lecture. Cliquez sur **Lecture**.

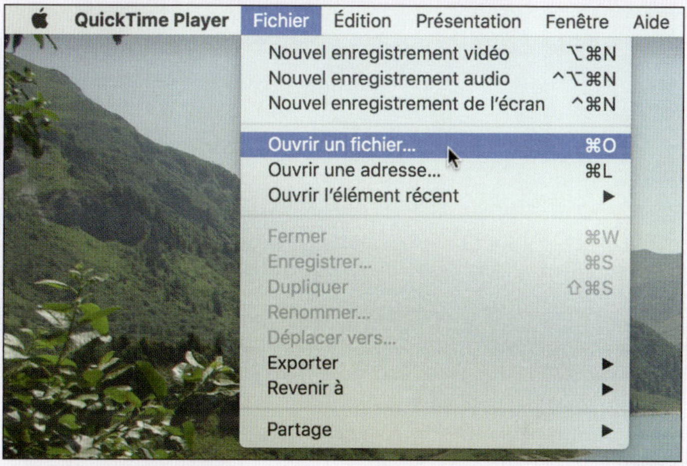

- Une deuxième solution, sans doute la plus rapide, consiste à double-cliquer sur le fichier vidéo à ouvrir dans une fenêtre du Finder.

Y a pas plus pratique !

Enregistrez à l'aide de QuickTime

QuickTime Player vous permet également d'enregistrer de la vidéo, si une webcam ou une caméra compatible est connectée à votre Mac. Le lecteur permet aussi d'enregistrer uniquement de l'audio, si vous possédez un micro ou si vous avez connecté un appareil à l'entrée audio de votre Mac. Enfin, il permet d'enregistrer l'écran : par exemple, vous pouvez créer une courte vidéo qui montre comment effectuer des manipulations.

1 Ouvrez le menu **Fichier**, puis choisissez l'une des trois options : **Nouvel enregistrement vidéo**, **Nouvel enregistrement audio** ou **Nouvel enregistrement d'écran**. Après avoir choisi un type d'enregistrement, une fenêtre s'affiche (avec l'image pour la vidéo) et vous trouvez un bouton **Enregistrement** sur lequel vous cliquez pour démarrer l'enregistrement.

2 Cliquez ensuite sur le bouton **Stop** pour arrêter l'enregistrement (il se trouve dans la barre de menus si vous choisissez d'enregistrer l'écran).

Utilisez iMovie pour créer des films

iMovie est un programme de montage vidéo facile à utiliser. Si vous possédez un Caméscope numérique, un smartphone ou une caméra GoPro, vous pouvez récupérer sur votre ordinateur les séquences que vous avez filmées afin d'effectuer un montage. Cela signifie que vous allez conserver les scènes les plus intéressantes, ajouter un fond sonore, des titres ou des transitions entre les différentes séquences. Pour agrémenter vos vidéos, vous pouvez même placer des photos entre les séquences.

Lorsque vous avez terminé votre film, vous l'exportez sous la forme d'un fichier .mov qui peut être lu par le lecteur QuickTime. Vous pouvez aussi transférer les fichiers sur un iPod grâce à iTunes, ou encore placer votre vidéo sur Internet.

Y a pas plus pratique !

Importez à partir d'un Caméscope

1. Pour importer une séquence vidéo, connectez votre caméra ou votre smartphone à votre ordinateur à l'aide d'un câble USB. Vous pouvez aussi insérer une carte SD dans le port idoine qui peut équiper votre Mac ou dans un lecteur de carte SD.

2. La fenêtre Importer s'ouvre et affiche tous les clips présents dans l'appareil. Si vous importez une séquence vidéo haute définition, vous pourrez configurer la qualité de la vidéo à importer. Selon le type de matériel que vous connectez (par exemple un iPhone ou une caméra GoPro), il peut être nécessaire de cliquer sur le bouton Importer de la fenêtre de iMovie afin d'accéder à la liste des vidéos.

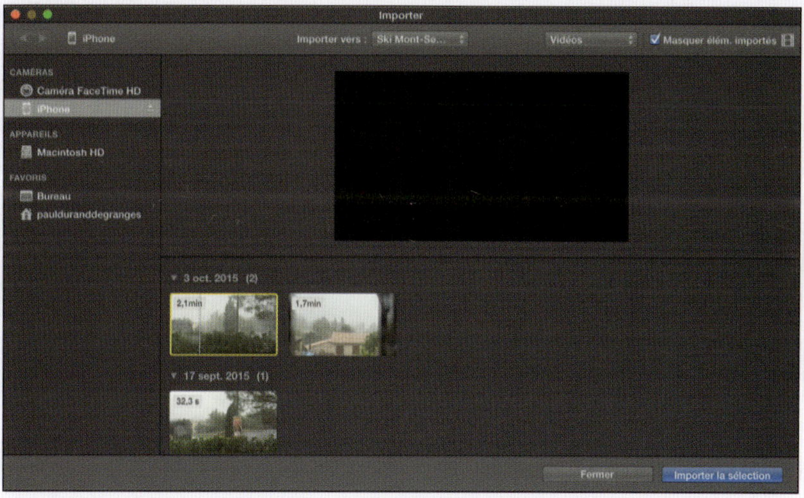

3. Sélectionnez les vidéos à importer. Dans la liste **Importer vers**, indiquez l'emplacement où vous souhaitez placer les vidéos, choisissez **Nouvel événement** si vous souhaitez placer vos vidéos dans un événement précis autre que ceux existants. Cliquez sur **Importer la sélection**.

Organisez les vidéos

Lorsque vous importez une séquence vidéo dans iMovie, vous lui attribuez un nom d'événement, et ce nouvel événement apparaît dans la bibliothèque d'événements, classé sous l'année où il s'est produit. En cliquant sur le triangle d'affichage d'une année dans la bibliothèque d'événements, vous affichez tous les événements de cette année-là.

Par défaut, iMovie affiche les événements les plus récents en haut de la liste. Si vous préférez voir les événements les plus anciens en haut de la liste et les plus récents en bas, cliquez sur **Présentation → Trier les événements par**, puis choisissez l'ordre de tri souhaité.

Y a pas plus pratique !

Fusionnez et scindez des événements

Vous avez la possibilité de fusionner des événements. Pour cela, sélectionnez-les dans la bibliothèque d'événements, puis choisissez **Fichier → Fusionner les événements**. Nommez ensuite le nouvel événement que vous allez créer lors de la fusion.

Pour scinder un événement en plusieurs parties, commencez par créer un nouvel événement en cliquant sur **Fichier → Nouvel événement**. Cliquez ensuite sur la séquence vidéo que vous souhaitez déplacer et faites-la glisser dans le nouvel événement.

Sélectionnez la vidéo source

Pour sélectionner une plage d'images vidéo dans la vidéothèque source, cliquez sur un clip puis faites glisser le pointeur de la souris pour sélectionner la séquence souhaitée.

Si nécessaire, faites ensuite glisser la poignée d'un côté ou de l'autre de la bordure de sélection pour agrandir ou réduire la sélection afin d'ajuster la séquence.

Pour sélectionner la totalité d'un plan vidéo, cliquez sur un plan tout en maintenant la touche `Option` enfoncée. Vous pouvez aussi Ctrl-cliquer sur un plan puis choisir Sélectionner le plan entier dans le menu contextuel.

Marquez une partie de la vidéo comme favorite ou à supprimer

iMovie vous permet de trouver instantanément les meilleurs moments de vos séquences vidéo. Il n'est plus nécessaire de parcourir des heures de vidéo, en effectuant des retours et avances rapides à la recherche des passages que vous voulez utiliser. Lorsque vous visionnez vos séquences vidéo, vous avez la possibilité de marquer les passages que vous pensez être les meilleurs ou les moins bons. Ainsi, par la suite, le filtrage de votre vidéo est facilité et vous évitez une recherche systématique des séquences à retravailler ou à supprimer.

- Pour marquer de la vidéo, commencez par désactiver le filtre en choisissant Tous les plans, dans le menu placé au centre à droite.

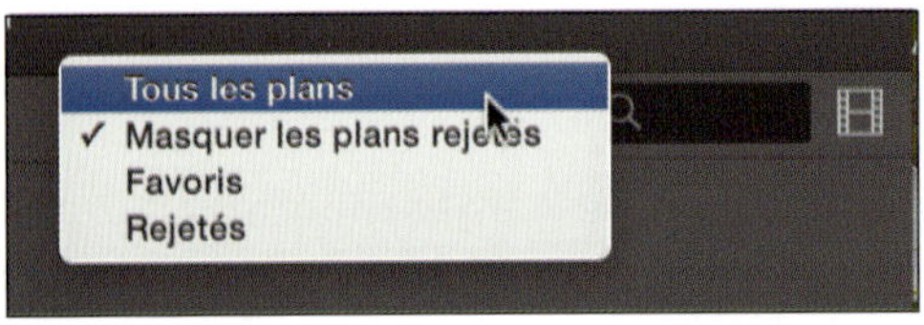

- Sélectionnez la portion de vidéo que vous souhaitez marquer. Ctrl-cliquez la séquence et choisissez l'une des trois options : **Favori**, **Rejeter** ou **Déclasser**.

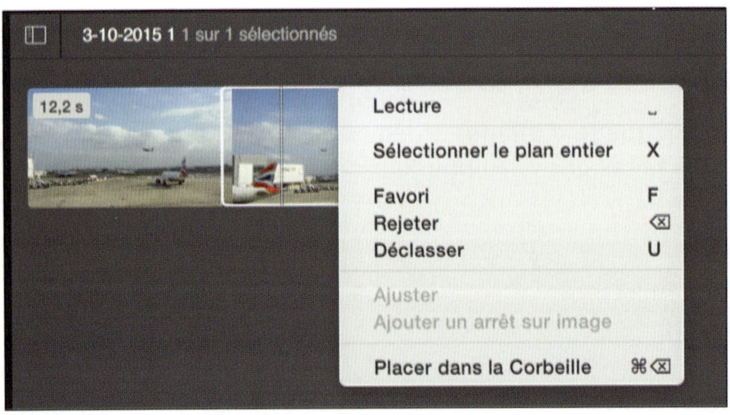

- En fonction du bouton sur lequel vous avez cliqué, une barre s'affiche ou disparaît dans la partie supérieure de la plage sélectionnée pour indiquer son statut.

- Maintenant que vous avez marqué des parties de vidéo, vous filtrez la bibliothèque de façon à ne voir que certaines sélections en utilisant la liste Afficher, placée dans la barre d'état de la fenêtre.

Créez un film iMovie

Pour créer un film avec iMovie, vous allez commencer par le créer. Ensuite, vous y placerez les séquences vidéo.

Y a pas plus pratique !

Créez le film

1. Choisissez **Fichier → Nouveau film**.
2. Dans la fenêtre qui s'affiche, choisissez un thème.

3. Nommez votre film et choisissez l'événement dans lequel vous le classez. Cliquez sur **OK**.

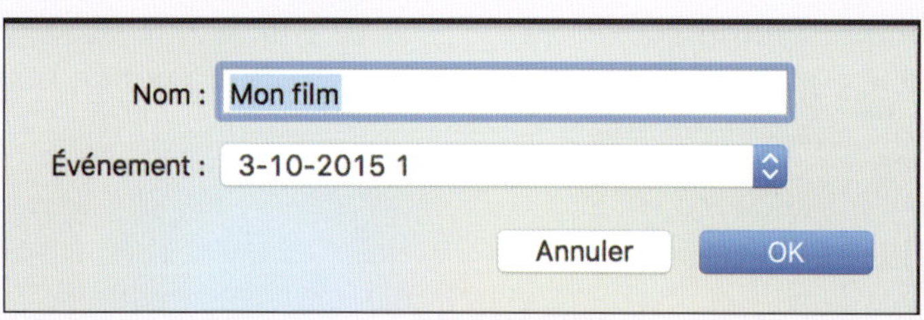

4 Le plan de montage de votre film apparaît, vous allez maintenant ajouter des séquences vidéo pour effectuer le montage.

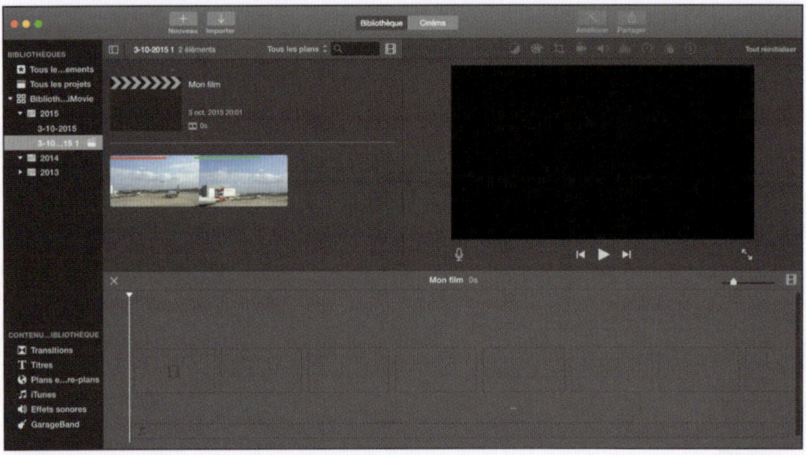

5 Pour ajouter un clip vidéo, sélectionnez-le dans la bibliothèque d'événements, puis faites-le glisser sur le plan de montage.

6 Répétez l'Étape 5 pour ajouter autant de séquences vidéo que nécessaire pour créer votre film.

Y a pas plus malin !

Utilisez les transitions

La transition est le passage entre deux plans. Si vous n'utilisez pas de transition, le passage d'une image à l'autre peut être un peu brutal. Un fondu enchaîné permet de passer en douceur d'une image à l'autre. N'utilisez pas plusieurs types de transition dans un film, cela lasserait le spectateur.

Visualisez le projet en cours de création

Même si vous n'avez pas terminé votre projet, vous pouvez lire le film afin de vérifier les enchaînements des différents plans de vidéo et voir quelles sont les éventuelles modifications à apporter. Pour lire le projet sélectionné à partir du début, cliquez sur le bouton Lire le projet depuis le début, placé sous la bibliothèque de projets. Pour lire un projet sélectionné à partir de n'importe quel point, double-cliquez sur l'image à partir de laquelle vous voulez lancer la lecture ou appuyez sur la touche **Espace** pour démarrer la lecture à partir de l'emplacement où se trouve le curseur.

Y a pas plus pratique !

Ajoutez un titre

Vous pouvez ajouter du texte sur n'importe quelle partie de la vidéo. Vous pouvez ainsi créer un titre ou un générique, ou donner des informations textuelles sur une scène.

1 Cliquez sur **Titres** dans le volet de gauche. Le volet des titres s'affiche dans la partie supérieure de la fenêtre.

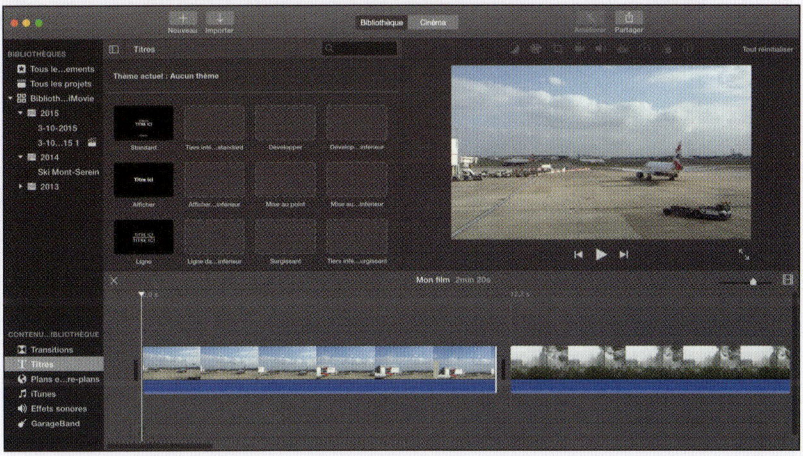

2. Sélectionnez éventuellement un thème puis le style de titre que vous voulez et faites-le glisser sur un clip de votre projet iMovie. Une fois que le titre est en place, il apparaît dans la fenêtre d'aperçu et une icône de titre bleue apparaît au-dessus du clip vidéo.

3. Dans le volet de l'aperçu, sélectionnez le texte fictif et remplacez-le par votre texte. Pour modifier la couleur, la police ou le style du texte, sélectionnez le texte puis utilisez les outils en haut de la fenêtre de visualisation.

4. Cliquez sur le bouton **Lecture** dans la fenêtre d'aperçu pour tester le résultat du titre. Lorsque vous avez fini de configurer votre titre, cliquez sur **Terminé**.

Modifiez un titre

Pour modifier la longueur d'un titre, placez le pointeur sur l'un des bords du titre, puis faites glisser la bordure. Vous repositionnez le titre en le cliquant et en le faisant glisser à l'emplacement souhaité. Pour modifier un titre déjà créé, double-cliquez sur l'icône du titre et apportez vos modifications dans la fenêtre d'aperçu. Pour supprimer un titre, sélectionnez l'icône du titre et appuyez sur la touche **Suppr**.

Y a pas plus pratique !

Ajoutez des effets sonores au projet

Vous pouvez ajouter à votre projet un effet sonore ou de la musique.

1. Dans le volet de gauche, cliquez sur **Effets sonores** pour afficher le volet des effets sonores qui s'ouvre dans la partie supérieure de la fenêtre.

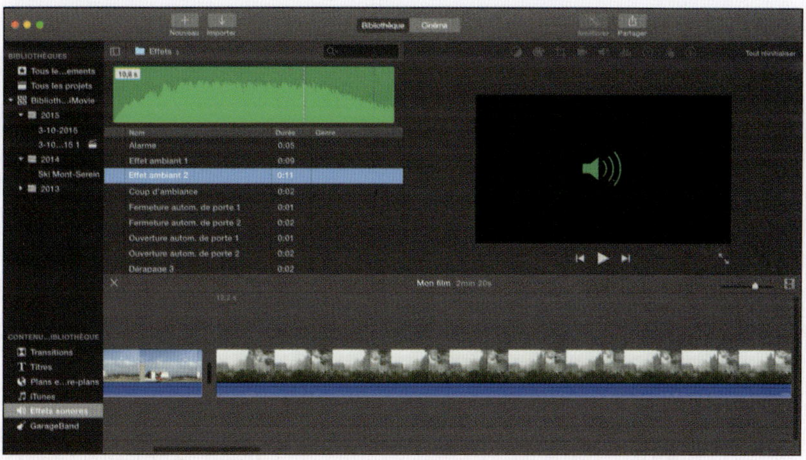

2. Après avoir sélectionné un son, cliquez sur le bouton **Lecture**, si vous souhaitez l'écouter. Pour arrêter la lecture, cliquez de nouveau sur le bouton. Lorsque vous avez trouvé le son que vous souhaitez utiliser, faites-le glisser dans la vidéo à l'emplacement où vous souhaitez que la lecture commence. Une icône verte de clip audio s'affiche en dessous des plans.

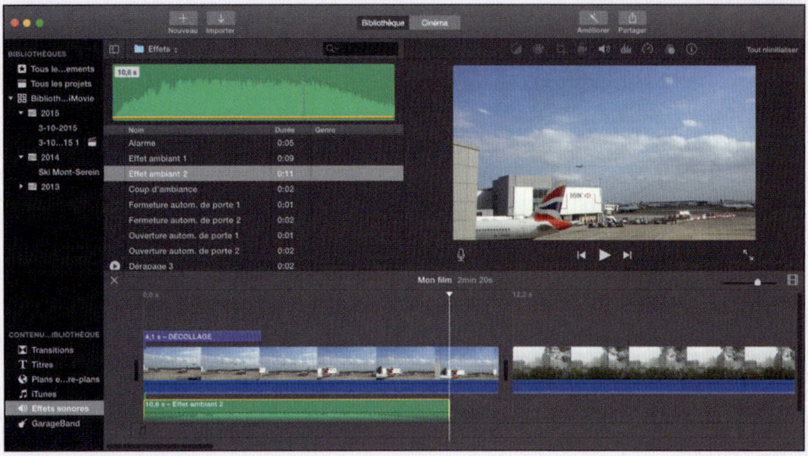

3 Vous pouvez repositionner la séquence audio sur la vidéo. Pour cela, faites-la glisser là où vous voulez commencer sa lecture dans votre film. Vous pouvez également raccourcir la séquence audio. Pour cela, faites glisser le bord gauche ou le bord droit de la séquence audio. Si nécessaire, repositionnez la séquence audio dans la vidéo. Lorsque vous avez raccourci la durée d'une séquence, vous pouvez aussi faire glisser l'un des bords pour augmenter sa taille et revenir à la durée d'origine.

Ajoutez des transitions entre les clips d'un projet

Pour varier et animer votre projet iMovie, vous pouvez insérer des transitions qui évitent le passage brutal d'un plan au suivant dans votre vidéo. Pour ajouter une transition entre deux plans, sélectionnez **Transitions** dans le volet de gauche afin d'afficher le voletTransitions dans la partie supérieure de la fenêtre. Vous pouvez obtenir un aperçu des transitions disponibles en plaçant le pointeur sur chacune des vignettes.

Sélectionnez la transition que vous souhaitez utiliser et faites-la glisser entre deux plans dans votre projet. Une icône de transition s'affiche entre les deux plans pour indiquer la présence de la transition.

Partagez un film avec iTunes

Pour créer un film prêt à être visionné sur un iPod, un iPhone ou tout simplement sur votre ordinateur à l'aide d'iTunes, cliquez sur **Fichier ➜ Partager ➜ iTunes**. Dans la boîte de dialogue qui s'affiche, cochez les tailles de film que vous souhaitez créer.

Lorsque vous avez effectué votre choix, cliquez sur **Partager**. Le rendu du projet peut demander du temps, notamment si vous avez choisi plusieurs tailles. Une fois rendus, vos films apparaîtront dans votre bibliothèque de films iTunes et vous pourrez les regarder sur votre ordinateur, les télécharger sur votre iPod ou les regarder sur votre téléviseur haute définition par l'intermédiaire de l'Apple TV.

Publiez la vidéo sur YouTube

Pour publier votre vidéo sur YouTube, cliquez sur **Fichier ➜ Partager ➜ YouTube**. Cliquez sur **Connexion** pour indiquer votre compte, configurez les options de la vidéo puis cliquez sur **Suivant** et suivez les instructions pour publier votre vidéo sur YouTube.

Chapitre 10

Profitez de la musique sur votre Mac

Grâce au programme iTunes, fourni avec votre Mac, vous pouvez écouter de la musique sur votre ordinateur. Vous pouvez simplement lire un CD audio, mais aussi copier tout ou partie des morceaux d'un CD audio sur votre ordinateur afin de pouvoir écouter la musique quand vous le souhaitez sans devoir insérer à nouveau le disque. iTunes vous permet également d'acheter de la musique en ligne (mais aussi des clips, des séries TV et des films). Et, si cela ne suffit pas, iTunes permet également d'écouter des radios en ligne ou de télécharger des podcasts.

- Démarrez et configurez iTunes
- Écoutez un CD audio
- Gérez la bibliothèque audio
- Achetez sur l'iTunes Store
- iTunes Match
- Apple Music

Démarrez et configurez iTunes

Vous démarrez iTunes à partir du Dock, du Launchpad ou du dossier Applications. Notez que pour écouter de la musique, votre Mac doit être équipé de haut-parleurs. Vous pouvez également brancher un casque sur la sortie prévue à cet effet. Si vous démarrez iTunes pour la première fois, vous devez commencer par accepter le contrat de licence.

Écoutez un CD

iTunes vous permet d'écouter rapidement un CD audio. Pour cela, démarrez iTunes, puis introduisez le CD dans le lecteur. Il apparaît dans la liste des sources ; le volet droit en affiche le contenu. Selon la configuration d'iTunes, il est possible qu'une boîte de dialogue s'affiche et vous demande si vous souhaitez importer le CD (consultez la section suivante).

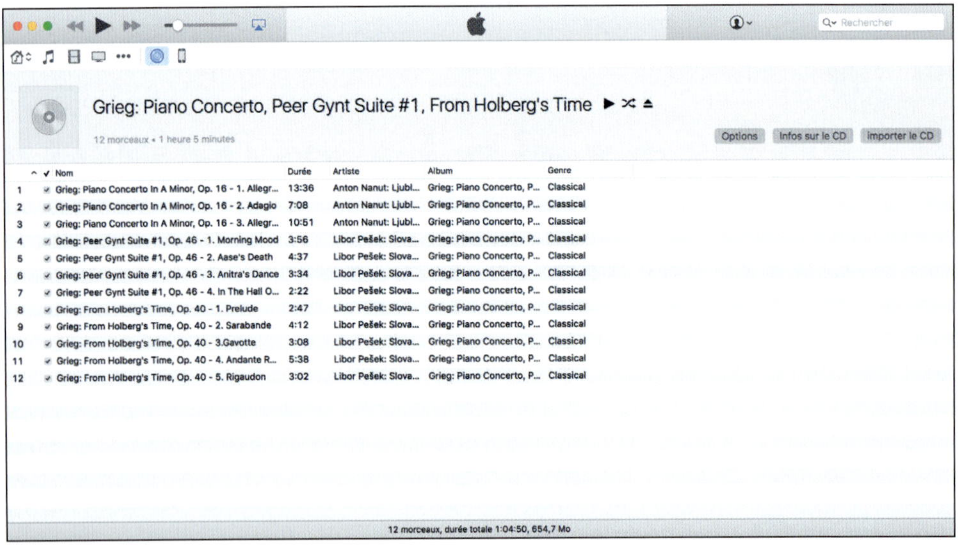

Pour contrôler la lecture, vous utilisez les boutons classiques en haut à gauche (lire, mettre en pause, passer au morceau suivant ou précédent). Vous pouvez également vous servir du menu Commandes (qui vous indique en outre les raccourcis clavier).

Lorsque vous avez terminé d'écouter votre CD, vous l'éjectez à l'aide de l'une des techniques suivantes :

- Choisissez **Commandes → Éjecter le disque**.
- Enfoncez les touches `Cmd` + `E`.
- Cliquez sur le bouton **Éjecter le CD**, situé en bas à droite de la fenêtre d'iTunes.

Y a pas plus malin !

Configurez les options d'importation d'un CD dans iTunes

Vous pouvez configurer l'action par défaut d'iTunes lorsque vous insérez un CD audio dans le lecteur. Pour cela, cliquez sur **iTunes → Préférences**, puis cliquez sur l'onglet **Général**. Au bas de la boîte de dialogue, dans le menu local **À l'insertion d'un CD**, choisissez l'option que vous souhaitez. Par exemple, si vous devez importer une grande quantité de CD audio, choisissez **Importer le CD** puis éjectez-le. Cliquez sur le bouton **OK** lorsque vous avez terminé.

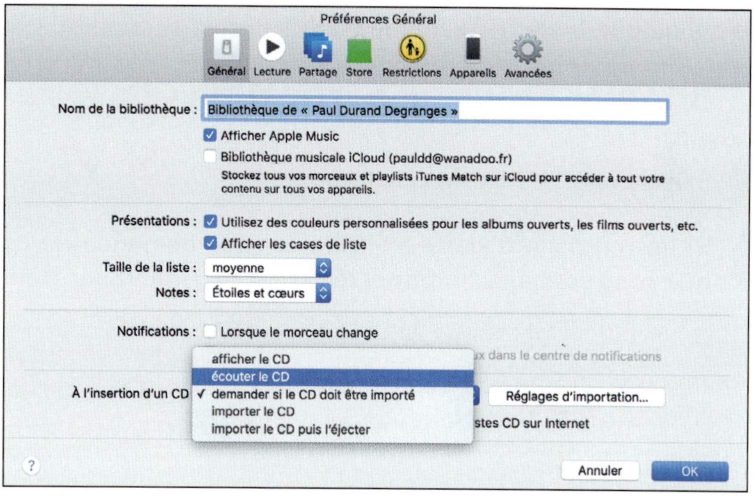

En cliquant sur le bouton **Réglages d'importation**, vous ouvrez une boîte de dialogue dans laquelle vous pouvez choisir le format utilisé pour les morceaux que vous importez. Le format par défaut est AAC, il offre un excellent compromis entre la qualité et la taille des fichiers. Si vous souhaitez un format passe-partout, optez pour le MP3.

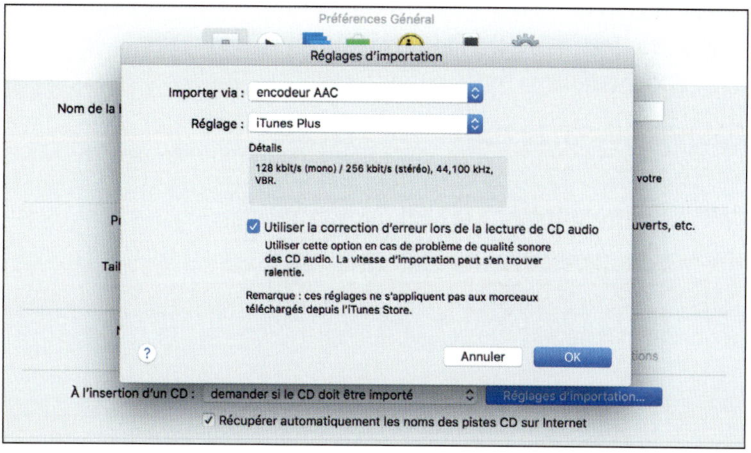

Importez de la musique d'un CD audio

Dans la section précédente, vous avez vu qu'il est possible de configurer l'action qu'entreprend iTunes lorsque vous insérez un CD audio. Si vous avez choisi d'importer un CD, celui-ci est automatiquement importé dans son intégralité et vous retrouvez les différents titres en cliquant sur **Bibliothèque** dans le volet de gauche de la fenêtre d'iTunes. Si vous avez choisi de ne pas effectuer l'importation automatiquement, vous pouvez effectuer celle-ci en choisissant éventuellement les morceaux que vous souhaitez.

Y a pas plus pratique !

Importez tout ou partie d'un CD

1. Insérez le CD audio dans le lecteur.

2. Si un message d'alerte s'affiche et vous demande de confirmer que vous souhaitez importer le CD audio, cliquez sur **Non**.

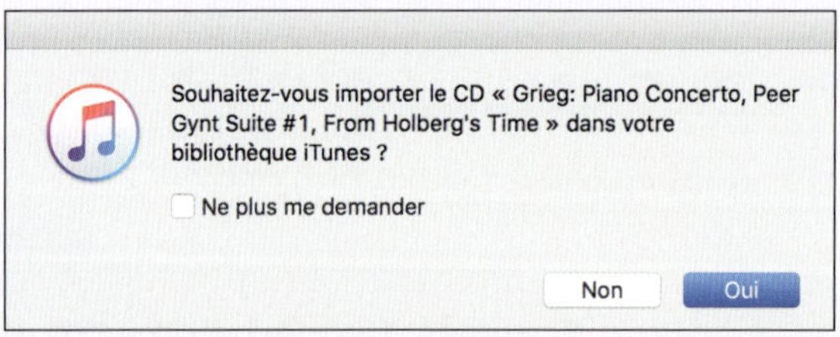

3. Le contenu du CD audio s'affiche dans la fenêtre principale d'iTunes. Si vous ne souhaitez pas importer la totalité des pistes du CD audio, décochez les morceaux qui ne vous intéressent pas.

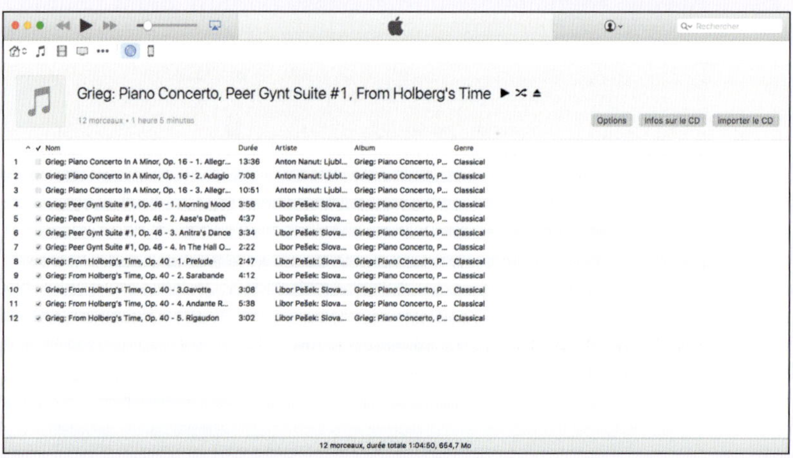

4 Pour démarrer l'importation, cliquez sur le bouton **Importer le CD**, placé en bas à droite de la fenêtre. iTunes démarre l'extraction des pistes du CD audio et copie les fichiers sur le disque dur de votre Mac. La barre de titre d'iTunes indique la progression de l'extraction, et une icône en regard de chacun des morceaux sélectionnés indique l'état de celui-ci.

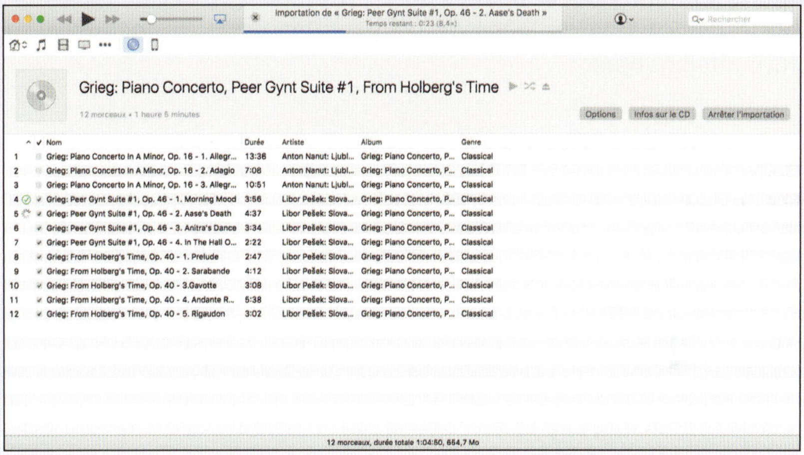

5 Lorsque l'extraction du CD audio est terminée, vous pouvez consulter la bibliothèque en cliquant sur l'élément **Musique** pour afficher l'album et les pistes que vous avez copiés sur votre disque dur. Vous pouvez retirer le CD audio du lecteur et écouter votre musique sans l'insérer dans l'ordinateur.

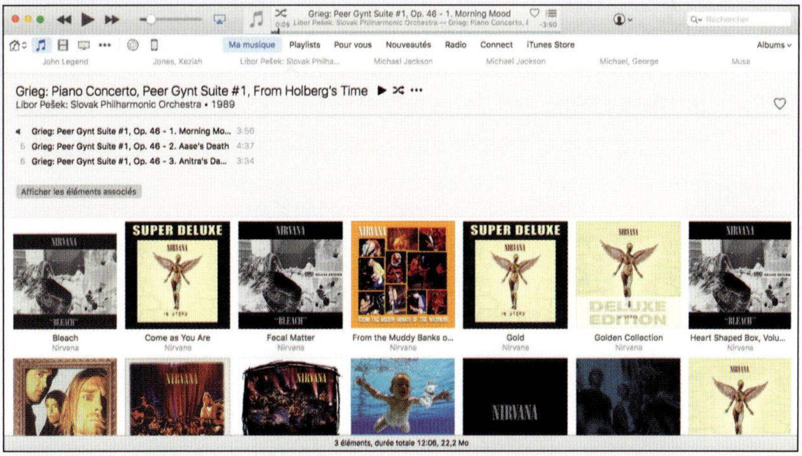

La musique est automatiquement copiée dans la bibliothèque iTunes.

Créez des listes de lecture

Une liste de lecture s'utilise pour organiser les morceaux. Par exemple, vous créez une liste pour la variété française, une autre pour la musique classique. Lorsque vous ouvrez iTunes, vous sélectionnez la liste que vous souhaitez écouter, puis vous double-cliquez sur le premier morceau de la liste ou vous cliquez sur le bouton **Lecture**. iTunes lit tous les morceaux de la liste. Le programme contient déjà des listes de lecture, mais vous pouvez créer les vôtres. Il existe deux types de listes de lecture : les listes de lecture et les listes de lecture intelligentes.

Effectuez des achats sur l'iTunes Store

iTunes Store est une boutique en ligne accessible uniquement à l'aide d'iTunes. Vous pouvez y acheter de la musique, des vidéos, des émissions de télévision. Pour y accéder, il vous suffit de cliquer sur l'onglet **iTunes Store**. Vous obtenez des fichiers au format AAC que vous pouvez transférer sur iPod ou iPhone. Au moment de l'écriture de ces lignes, un titre coûte moins d'un euro et il est possible d'acquérir un album complet pour moins de dix euros.

Y a pas plus malin !

Ouvrez un compte sur l'iTunes Store

Pour pouvoir acheter sur iTunes Store, vous devez posséder un identifiant Apple qui se présente sous la forme d'une adresse de courrier électronique. Pour créer un compte, cliquez sur **Connexion** dans la partie supérieure de la fenêtre.

Si vous possédez déjà un identifiant et un mot de passe, vous pouvez les saisir pour ouvrir la session. Si vous n'en possédez pas, cliquez sur **Créer un identifiant Apple**.

Suivez les instructions données dans les différents écrans. Vous serez amené à indiquer des informations relatives à votre carte bancaire ainsi que votre adresse. Ces données seront stockées sur le site d'Apple, bien en sécurité. Vous pouvez sans crainte fournir ici vos informations bancaires, elles ne risquent pas d'être utilisées à votre insu.

Y a pas plus malin !

Recherchez des produits sur l'iTunes Store

Après avoir cliqué sur l'onglet iTunes Store, vous utilisez différentes méthodes pour parcourir la boutique afin de trouver des produits à acheter. À partir de la page d'accueil du magasin, vous pouvez cliquer sur les différents liens proposés. Cela permet de découvrir de nouvelles musiques, de nouvelles vidéos ou des podcasts.

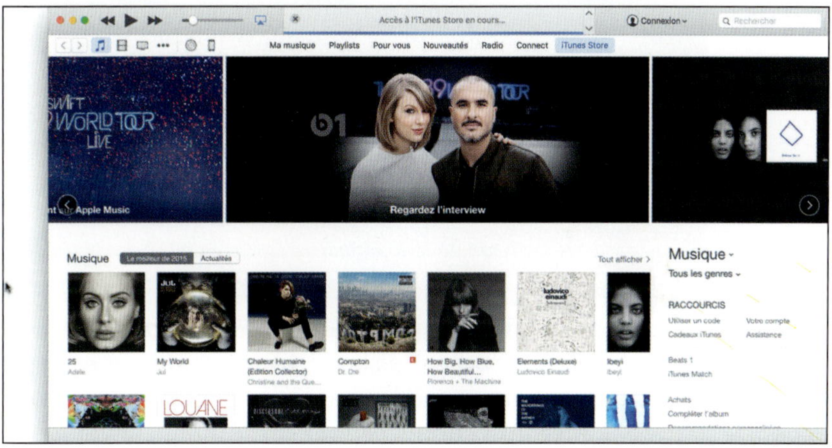

Vous pouvez également vous servir de la zone de recherche d'iTunes (en haut à droite). Cette méthode est très pratique puisque vous pouvez y saisir les titres d'un artiste ou d'autres éléments. Par exemple, le nom d'une chaîne de télévision, d'une radio ou d'une émission pour voir rapidement s'il n'existe pas un podcast. Lorsque vous trouvez un titre qui vous intéresse, vous pouvez en écouter un extrait. Pour cela, double-cliquez sur le nom du titre, ou sélectionnez-le puis cliquez sur le bouton **Lecture**. Vous obtenez un extrait de 30 secondes.

Y a pas plus pratique !

Achetez sur l'iTunes Store

Une fois que vous avez trouvé des titres qui vous intéressent, vous pouvez les acheter. Notez que nous présentons ici l'achat de musique, mais le principe reste le même pour les autres produits proposés sur l'iTunes Store. Pour effectuer l'achat, il suffit de cliquer sur le bouton indiquant le prix pour acquérir un titre précis ou un album.

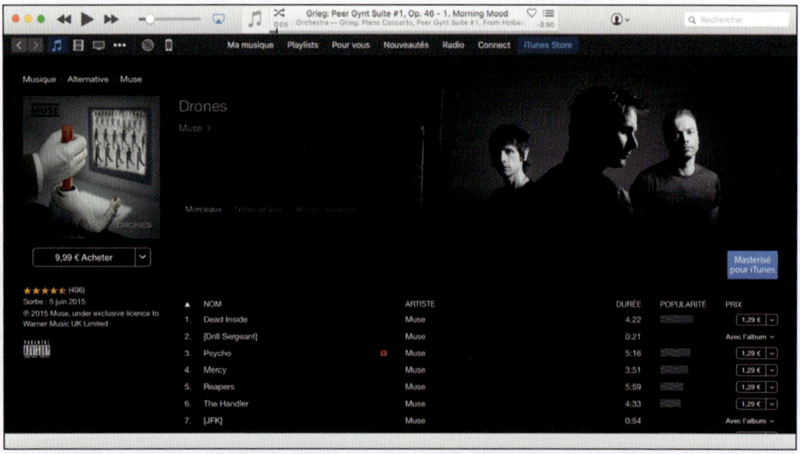

Si vous n'êtes pas identifié, la boîte de dialogue d'ouverture de votre compte s'affiche. Saisissez votre identifiant et votre mot de passe (si vous ne possédez pas de compte, vous devez en créer un ; consultez la section « Ouvrez un compte sur l'iTunes Store »).

Vous accédez à tous les produits que vous avez achetés en cliquant sur **Achats** dans le menu du compte. Bien entendu, les titres que vous avez acquis sont également accessibles, comme tous les autres titres, en parcourant le contenu de la bibliothèque d'iTunes. Vous lisez ces fichiers audio de la même manière que n'importe quel autre fichier audio.

Y a pas plus malin !

iTunes Match

iTunes Match est intégrée à l'application iTunes de votre Mac, de vos PC mais aussi de vos appareils iOS (iPhone, iPad, iPod touch). Cette fonctionnalité vous permet de stocker l'ensemble de votre collection, y compris la musique importée depuis des CD ou celle achetée ailleurs que sur iTunes (le service est payant, il coûte 24,99 € par an). Vous devez également posséder un compte iCloud.

Le principe est simple : iTunes détermine quels morceaux de votre collection sont disponibles sur l'iTunes Store. Toute musique ayant une correspondance est automatiquement ajoutée à iCloud. Comme l'iTunes Store propose plus de 20 millions de morceaux, il y a des chances pour que l'essentiel de votre musique soit déjà sur iCloud. Lorsque votre musique sera sur iCloud, vous pourrez la diffuser en direct et la stocker sur n'importe lequel de vos appareils.

Y a pas plus malin !

Apple Music

Dans le menu Store, vous trouvez l'option Apple Music. Il s'agit d'un service payant que vous utilisez pour accéder à toute la musique proposée par iTunes. Apple Music fonctionne de la même manière que les services Deezer ou Spotify. Une fois que vous avez activé l'abonnement à Apple Music, vous accédez aux morceaux de musique disponibles sur l'iTunes Store, sans acheter ces morceaux.

Chapitre

11

Personnalisez votre Mac

Mac OS X offre différents outils que vous utilisez pour personnaliser votre Mac. Non seulement vous modifiez l'apparence de votre Mac en fonction de vos goûts, mais vous pouvez également modifier la manière dont il fonctionne pour une utilisation plus simple et plus performante.

- Affichez les Préférences Système
- Utilisez l'économiseur d'écran
- Gérez la consommation d'énergie
- Gérez les comptes d'utilisateurs
- Personnalisez le Dock

Affichez les Préférences Système

Les Préférences Système permettent de personnaliser votre Mac. Il s'agit d'un ensemble de paramètres et d'options qui contrôlent l'aspect et le fonctionnement de votre Mac. Pour utiliser ces paramètres, vous devez d'abord afficher la fenêtre Préférences Système à partir du Dock, du Launchpad ou du dossier Applications.

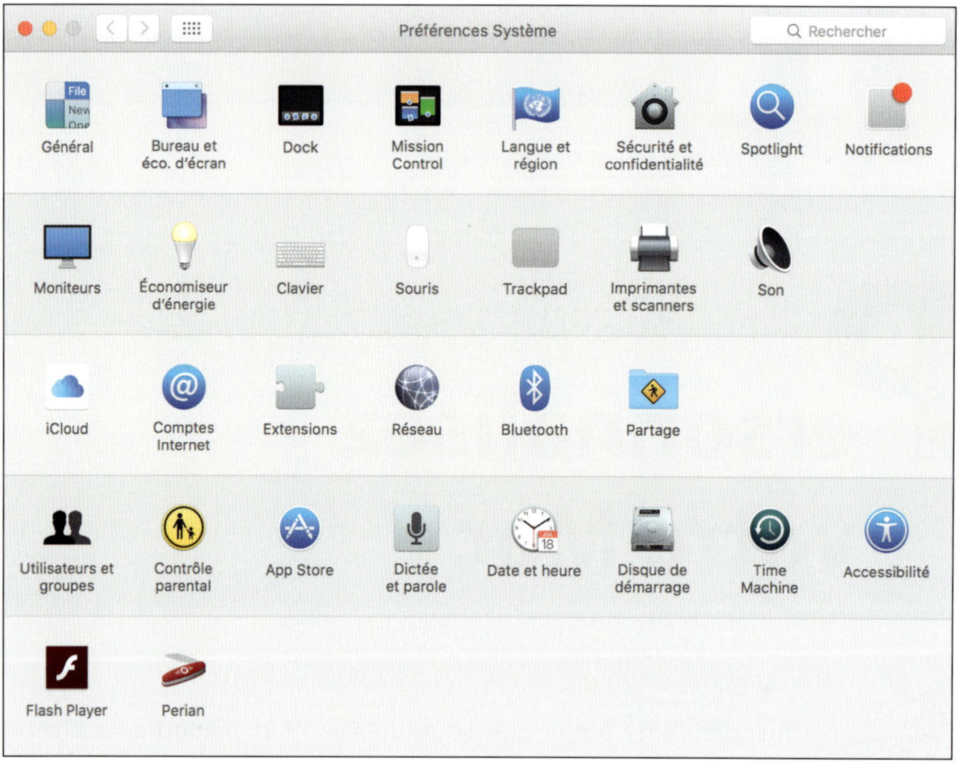

Lorsque vous cliquez sur l'une des icônes dans Préférences Système, l'affichage change et montre uniquement les options et les réglages associés à l'élément que vous avez cliqué. Pour revenir à la page principale, cliquez sur le bouton **Précédente** jusqu'à ce que la page principale s'affiche ou cliquez sur **Tout afficher**, pour revenir directement à la page principale.

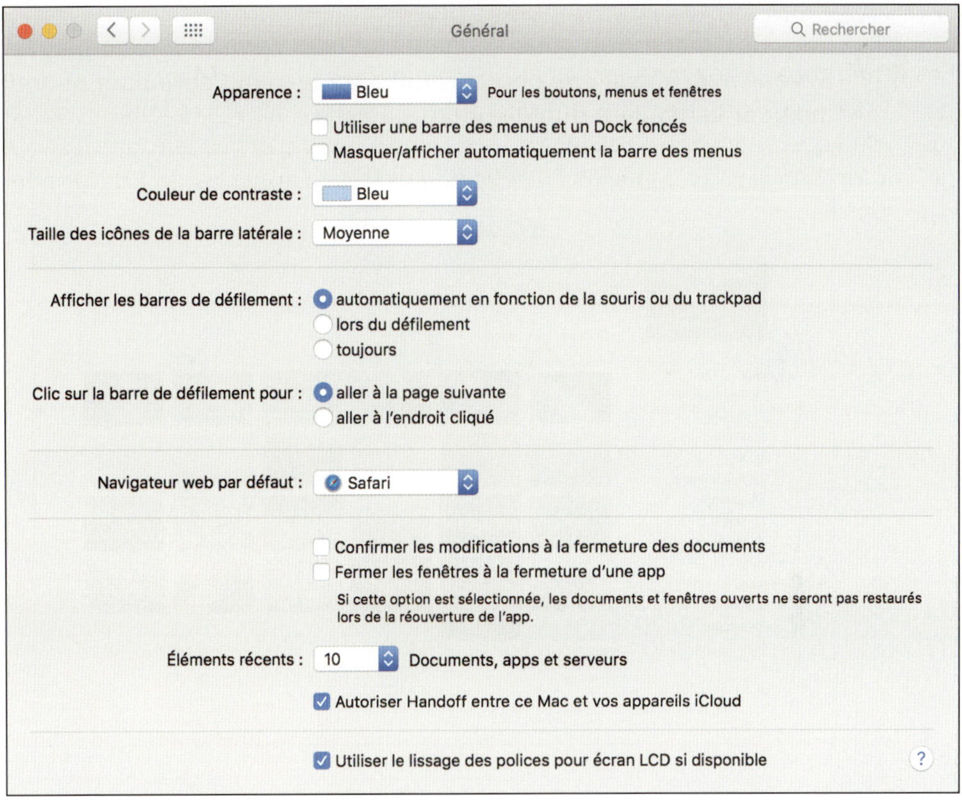

Y a pas plus pratique !

Modifiez le fond d'écran avec un fond fixe

Pour personnaliser votre Mac, vous changez l'arrière-plan du Bureau et affichez une image (une de vos photos) ou une couleur unie.

1. Ouvrez les **Préférences Système.**
2. Cliquez **Bureau et éco. d'écran**.
3. Cliquez sur l'onglet **Bureau**.
4. Cliquez la catégorie d'images à utiliser.

5 Cliquez l'image que vous souhaitez utiliser comme arrière-plan. Si vous avez choisi une photo, cliquez sur le menu déroulant pour indiquer la manière dont la photo s'affiche.

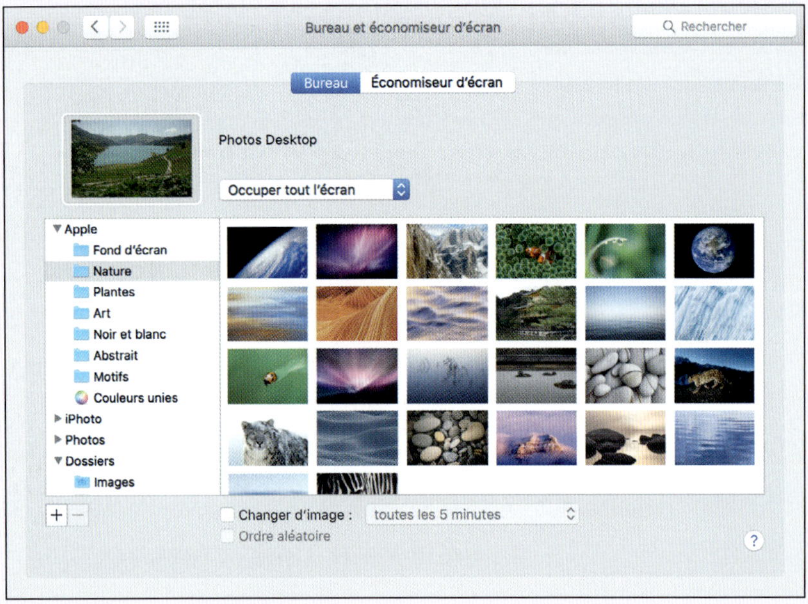

Y a pas plus malin !

Choisissez un fond d'écran changeant

Après avoir effectué les étapes précédentes, cliquez sur **Changer d'image**. Dans la liste déroulante, indiquez la fréquence de changement de l'image. Si vous souhaitez que votre Mac change l'image de façon aléatoire, cliquez **Ordre aléatoire**.

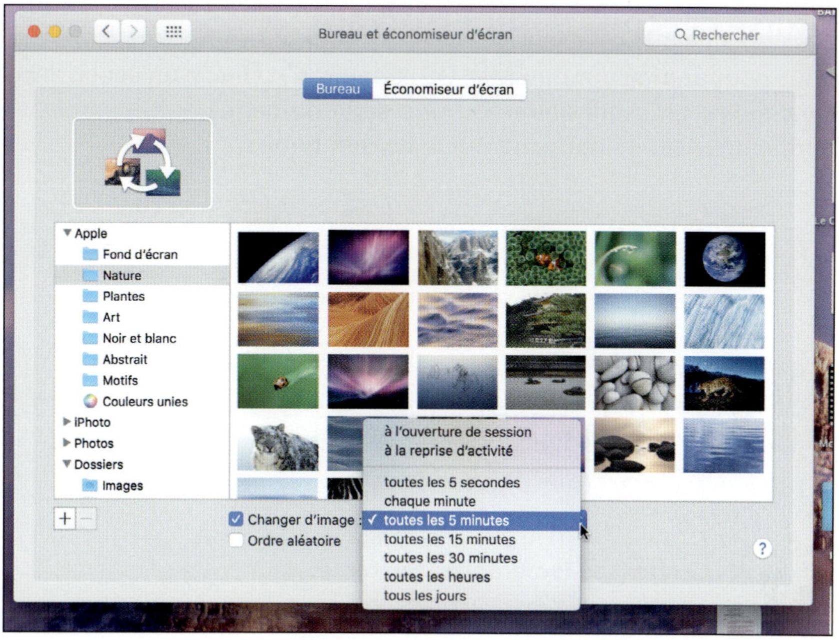

Y a pas plus clair !

Les options d'affichage

- **Occuper tout l'écran.** Cette option étire la photo dans les quatre directions jusqu'à ce qu'elle occupe tout l'écran. Avec cette option, des bords de l'image peuvent être rognés.
- **Adapter à l'écran.** Cette option étire la photo dans les quatre directions jusqu'à ce que la hauteur ou la largeur soient égales à la hauteur ou à la largeur de l'écran.
- **Étirer pour remplir l'écran.** Cette option étire la photo dans les quatre directions jusqu'à ce qu'elle occupe tout le Bureau. Comme cette option n'étire pas en conservant les proportions, l'image est souvent déformée.
- **Centrer.** Cette option affiche la photo avec sa taille réelle au centre du Bureau.
- **Disposer en mosaïque.** Cette option affiche plusieurs fois la photo afin de remplir le Bureau.

Utilisez l'économiseur d'écran

Vous pouvez programmer Mac OS X pour qu'il affiche un économiseur d'écran, c'est-à-dire un motif animé ou une série d'images qui apparaît lorsque vous l'ordinateur est inactif pendant un certain temps.

Y a pas plus pratique !

Activez l'économiseur d'écran

1. Ouvrez les **Préférences Système.**
2. Cliquez sur **Bureau et éco. d'écran**.

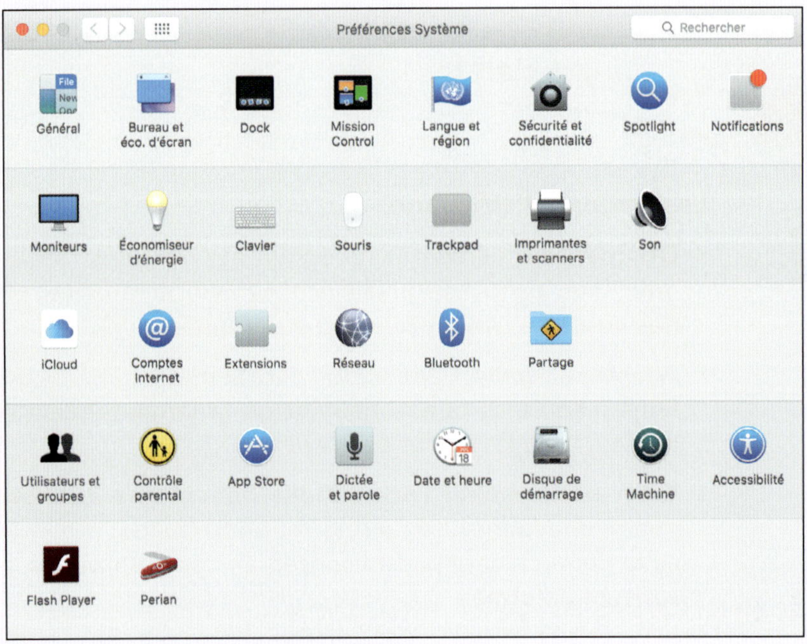

3. Cliquez sur **Économiseur d'écran**.
4. Cliquez l'économiseur d'écran à utiliser pour en obtenir un aperçu.
5. Utilisez le menu **Démarrer** après pour régler le délai de démarrage.

6. Si l'économiseur d'écran est personnalisable, cliquez **Options de l'économiseur d'écran** pour le configurer.

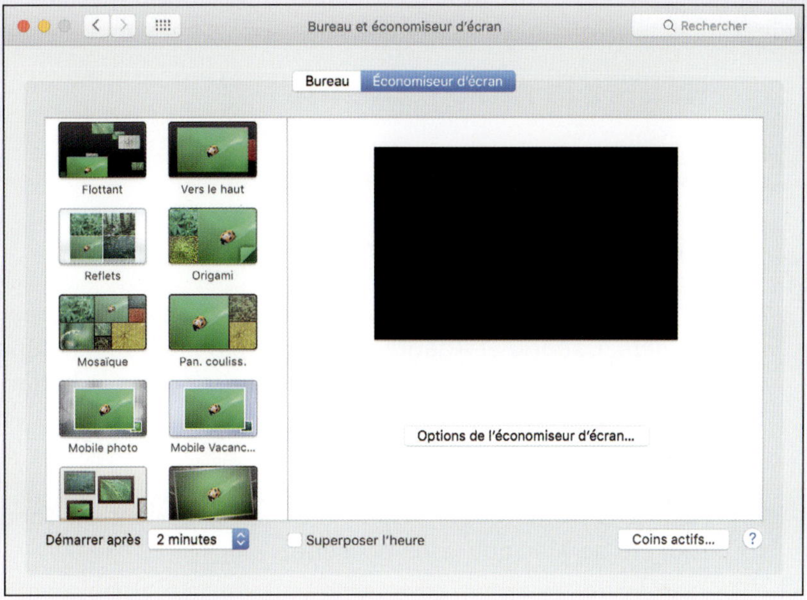

Y a pas plus malin !

Personnalisez l'économiseur d'écran

- Si vous souhaitez un économiseur d'écran différent à chaque démarrage, cliquez **Aléatoire dans la liste des économiseurs**.
- Si vous souhaitez afficher l'heure pendant que l'économiseur d'écran fonctionne, cliquez **Superposer l'heure**.

Gérez la consommation d'énergie

Vous pouvez gérer efficacement l'énergie en mettant en veille votre écran ou la totalité de votre Mac, après un délai d'inactivité de l'ordinateur. La mise en veille permet de placer l'écran ou le Mac dans un mode de faible consommation d'énergie. Cela permet d'économiser de l'énergie sur tous les Mac et la batterie sur les Mac portables.

Y a pas plus pratique !

Réglez la mise en veille

1. Ouvrez les **Préférences Système**.
2. Cliquez **Économiseur d'énergie**.
3. Si vous avez un ordinateur portable, vous avez accès à deux onglets, Batterie et Adaptateur secteur, afin de régler séparément les paramètres lorsque l'ordinateur fonctionne sur batterie et sur secteur. Dans ce cas, cliquez sur l'onglet du mode que vous souhaitez régler.
4. Réglez les différentes options. Celles-ci varient en fonction du modèle de Mac que vous possédez.

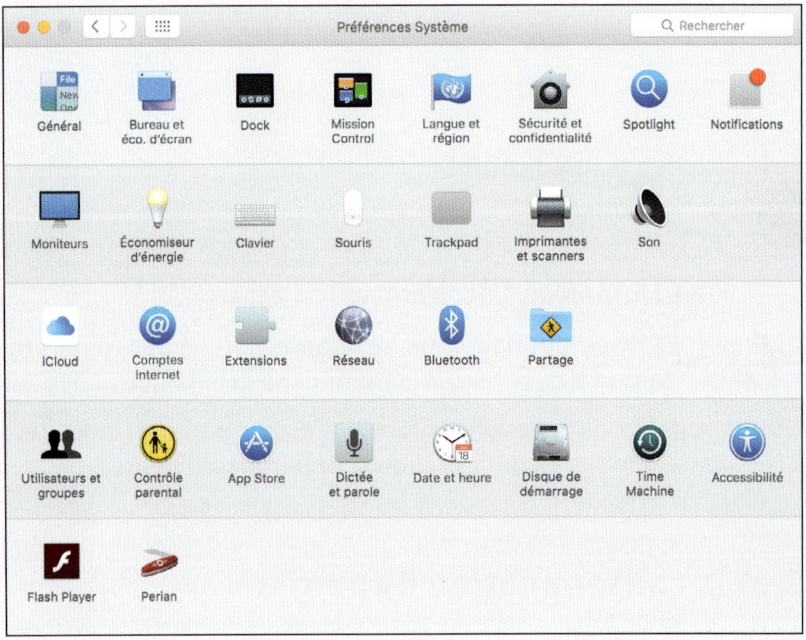

Y a pas plus malin !

L'économiseur d'écran ne fonctionne plus

Vous avez sans doute réglé une durée avant la mise en veille qui est inférieure à la durée avant le déclenchement de l'économiseur d'écran. Configurez un délai de mise en veille plus long que celui de l'économiseur d'écran.

Gérez les comptes d'utilisateurs

Vous pouvez partager votre Mac avec une autre personne en créant un compte d'utilisateur pour cette personne. Ce nouveau compte d'utilisateur est totalement séparé du vôtre. Cela signifie que l'autre personne peut modifier les paramètres, créer des documents et effectuer d'autres tâches sans interférer avec vos propres paramètres ou données.

Y a pas plus pratique !

Ajoutez un compte d'utilisateur

1. Ouvrez les **Préférences Système**.
2. Cliquez sur **Utilisateurs et groupes**.
3. Dans la plupart des cas, pour modifier les comptes, vous devez cliquer sur l'icône **Cadenas** puis saisir un mot de passe d'administrateur.

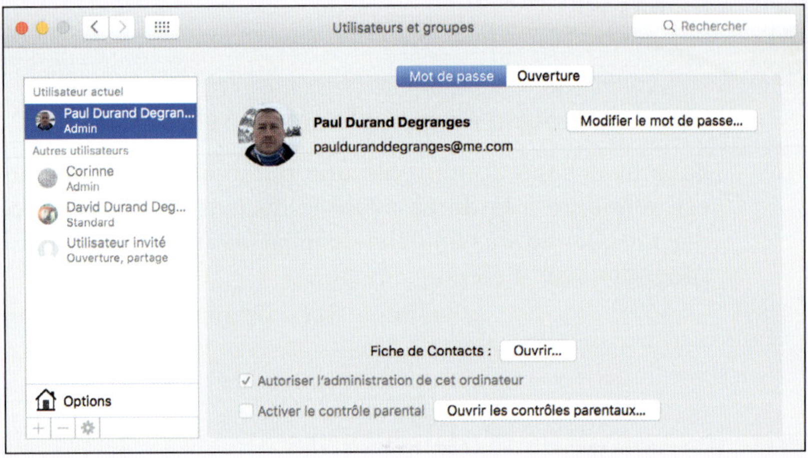

4 Cliquez sur **+** pour ouvrir la boîte de dialogue **Nouveau compte**.

5 Cliquez un type de compte dans la liste déroulante.

6 Saisissez le nom d'utilisateur.

7 Modifiez éventuellement le nom court créé par Mac OS X.

8 Saisissez le mot de passe de l'utilisateur.

9 Saisissez le mot de passe à nouveau.

10 Saisissez un indice que Mac OS X affiche si l'utilisateur oublie le mot de passe.

11 Cliquez **Créer l'utilisateur**.

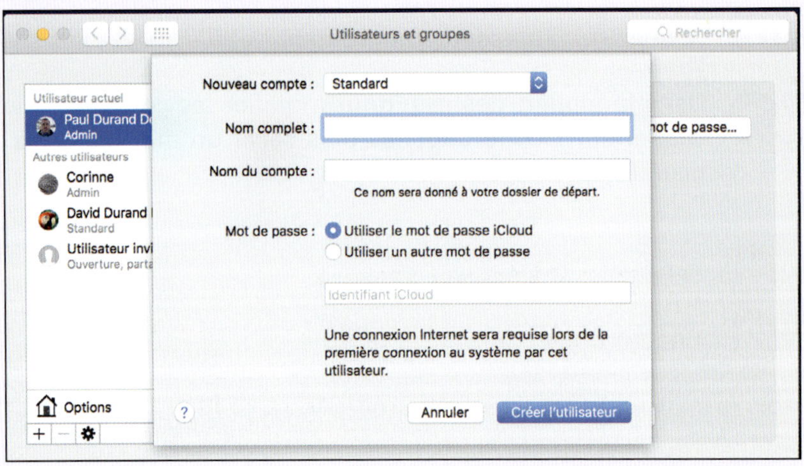

Y a pas plus clair !

Comptes Standard et Administrateur

Lors de la création, le compte Standard est un bon choix parce que l'utilisateur peut apporter des modifications uniquement à son compte. Évitez l'option Administrateur parce que c'est un compte puissant qui permet à l'utilisateur d'effectuer des modifications importantes dans le système. Si l'utilisateur est un enfant, envisagez Gérer avec Contrôles parentaux afin de placer des restrictions.

Y a pas plus malin !

Changer l'image du compte

Dans les préférences Comptes, cliquez sur l'utilisateur puis cliquez sur l'image. Mac OS X affiche une liste d'images disponibles.

Personnalisez le Dock

Le Dock peut occuper plus ou moins d'espace à l'écran et vous pouvez en faciliter l'accès et l'utilisation en modifiant les préférences.

Y a pas plus pratique !

Personnalisez le Dock

1. Ouvrez les **Préférences Système.**
2. Cliquez **Dock.**
3. Faites glisser **Taille** pour agrandir ou réduire la taille du Dock.

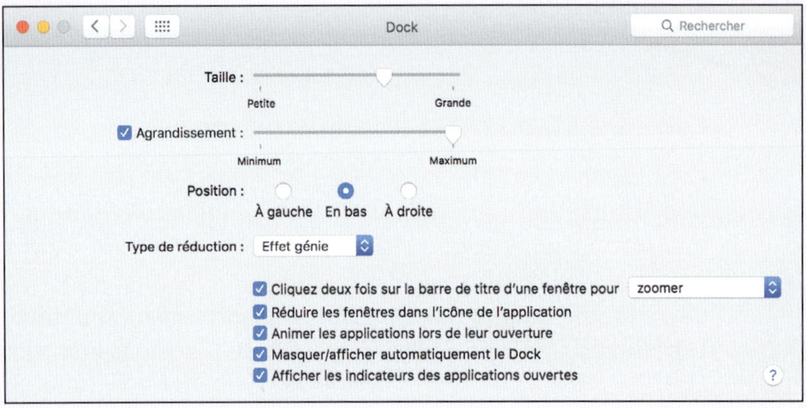

4. Cochez **Agrandissement**.
5. Faites glisser le curseur **Agrandissement** pour modifier le niveau d'agrandissement.
6. Utilisez l'option **Position** pour indiquer où vous souhaitez que le Dock s'affiche, par exemple, à **Gauche de l'écran**.
7. Dans le menu **Type de réduction**, cliquez puis choisissez l'effet que vous souhaitez utiliser lorsque vous réduisez une fenêtre : **Effet génie** ou **Effet d'échelle**.
8. Modifiez éventuellement les options indiquant le comportement des fenêtres.
9. Si vous souhaitez masquer le Dock, cochez la case **Masquer/afficher automatiquement le Dock**. Le Dock apparaît lorsque vous placez le pointeur de la souris en bas de l'écran (ou sur le côté où vous avez placé le Dock).

Y a pas plus pratique !

Ajoutez une icône au Dock

Vous pouvez ajouter dans le Dock une icône pour une application que vous utilisez fréquemment. L'icône reste dans le Dock, même lorsque vous fermez l'application et vous pouvez la rouvrir d'un simple clic.

- Pour ajouter une application fermée, ouvrez le dossier Applications, puis faites glisser l'icône de la fenêtre du Finder vers le Dock où vous la déposez, à gauche du séparateur.
- Pour ajouter une application ouverte, Ctrl-cliquez l'icône de l'application, cliquez **Options → Garder dans le Dock.**

Y a pas plus malin !

Supprimez une icône du Dock

Ctrl-cliquez l'icône de l'application dans le Dock puis cliquez **Supprimer du Dock. Vous pouvez supprimer toutes les icônes**, sauf le Finder et la Corbeille. Notez que la suppression de l'icône dans le Dock ne supprime pas l'application elle-même.

Chapitre

12

Maintenez et dépannez votre Mac

Pour terminer cet ouvrage, je vais vous indiquer comment effectuer un peu de maintenance sur votre Mac et comment le dépanner, mais rassurez-vous, vous n'allez pas vous transformer en technicien.

- Organisez votre Bureau
- Désinstaller des applications inutilisées
- Mettez à jour les logiciels
- Supprimez les éléments d'ouverture inutiles
- Configurez Time Machine
- Forcez la fermeture d'un programme bloqué

Organisez votre Bureau

Si vous utilisez le Bureau de Mac OS X pour stocker des fichiers et des copies de documents, celui-ci peut rapidement devenir désordonné. Vous retrouverez facilement vos éléments en organisant les icônes. Pour cela, lorsque vous êtes sur le Bureau (cliquez dessus), choisissez **Présentation → Aligner par → Nom**. Vous pouvez aussi les trier en cliquant sur **Présentation → Trier par → Nom**. Vous pouvez choisir les autres modes d'alignement et de tri afin de trouver celui qui correspond le mieux à vos besoins.

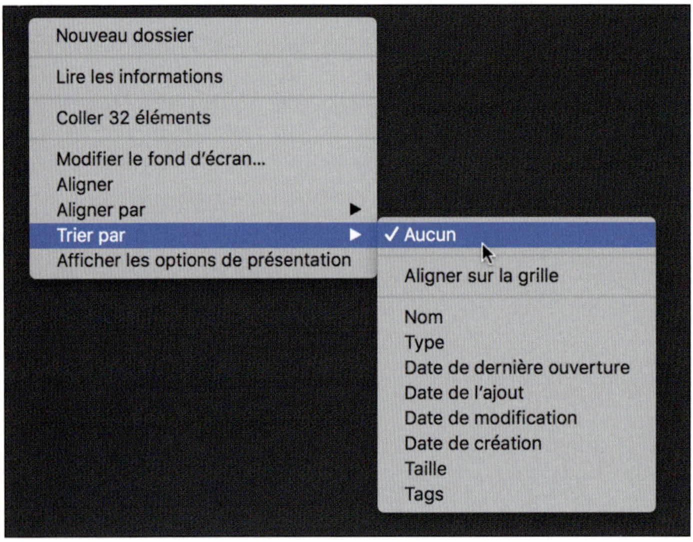

Y a pas plus pratique !

Désinstallez les applications inutilisées

Si vous possédez une application que vous n'utilisez plus, vous pouvez récupérer l'espace disque et réduire l'encombrement du dossier Applications en désinstallant cette application.

1. Ouvrez le **Finder**, puis affichez le contenu du dossier **Applications**.
2. Cliquez ou faites glisser l'application ou son dossier sur l'icône **Corbeille**.

3. Mac OS X peut vous demander un mot de passe d'administrateur, saisissez-le puis cliquez sur **OK**.

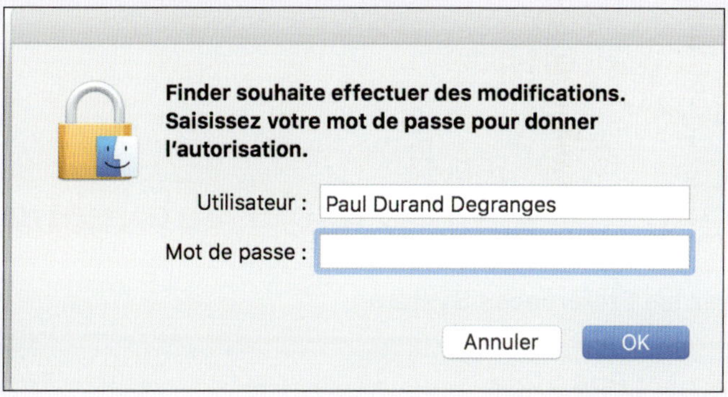

Y a pas plus malin !

Utilisez le désinstallateur

Certaines applications sont livrées avec un programme de désinstallation. Dans ce cas, l'application possède souvent son propre dossier. Examinez le contenu de ce dernier, puis un programme appelé « Uninstaller » ou équivalent. Double-cliquez l'icône du programme de désinstallation et suivez les instructions.

Y a pas plus malin !

Restaurez une application supprimée par erreur

Si vous avez utilisé le programme de désinstallation de l'application, la seule solution est de réinstaller ce programme. Si vous avez envoyé le programme dans la Corbeille, vous pouvez l'y récupérer.

Configurez la mise à jour automatique

Régulièrement, Apple diffuse des mises à jour. Celles-ci permettent de réparer des problèmes, d'ajouter de nouvelles fonctionnalités ou de régler des problèmes de sécurité. Vous réduisez les problèmes avec votre ordinateur et améliorez la sécurité en ligne en configurant OS X afin de télécharger et d'installer ces mises à jour automatiquement. Par défaut, Mac OS X vérifie la présence de mises à jour toutes les semaines. Vous pouvez modifier la fréquence pour un contrôle quotidien ou mensuel.

Y a pas plus pratique !

Configurez la mise à jour automatique

1. Ouvrez les **Préférences Système**.
2. Cliquez sur **App Store**.

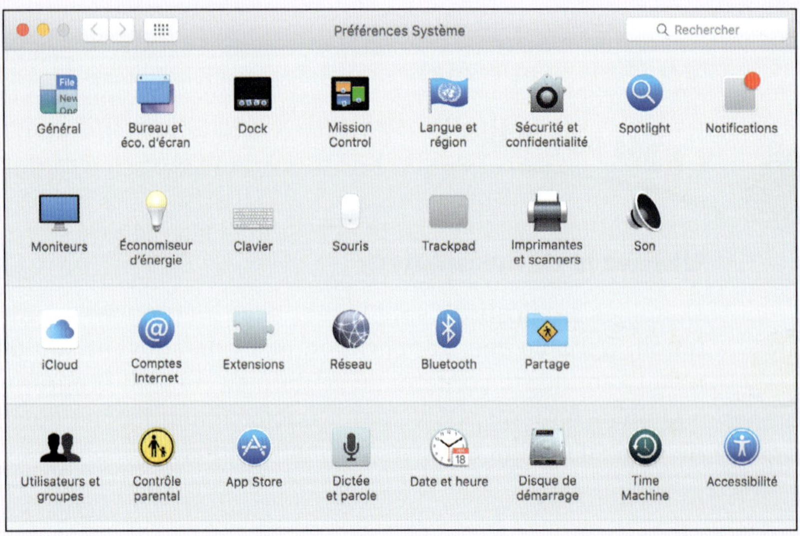

3. Cochez **Recherche des mises à jour automatique** pour activer la recherche automatique.

4. Modifiez les différentes options concernant la mise à jour et l'achat d'applications.

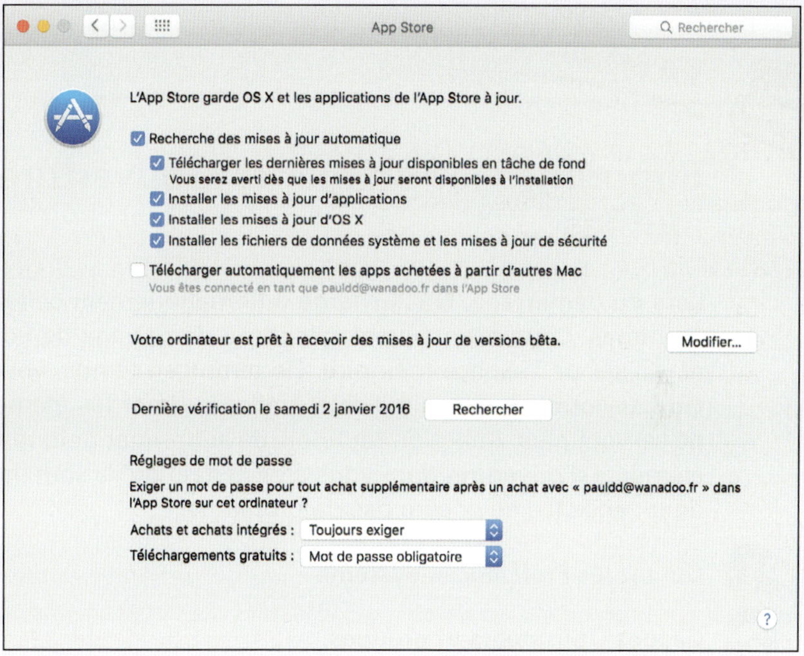

Y a pas plus clair !

Vérification automatique

Vous pouvez très bien effectuer les contrôles manuellement, toutefois, ce n'est pas très recommandé dans la mesure où il est préférable de conserver le Mac à jour, et cela risque de ne pas être le cas si vous oubliez de contrôler régulièrement la présence de mises à jour.

Y a pas plus malin !

Effectuez la mise à jour logicielle

Lorsque le temps est venu d'effectuer la vérification, le programme regarde quelles applications sont installées sur votre Mac. Ensuite, chacune d'elles est contrôlée dans une base de données sur le site d'Apple pour savoir si une mise à jour est disponible. Si c'est le cas, elle est téléchargée immédiatement et l'icône Mise à jour de logiciels rebondie dans le Dock pour vous avertir.

Y a pas plus pratique !

Supprimez les éléments d'ouverture inutiles

Lors du démarrage, OS X charge automatiquement certains programmes. Certaines peuvent ralentir le démarrage de votre Mac et utiliser de l'espace mémoire. De temps en temps, vous devez vérifier votre compte d'utilisateur et supprimer les éléments qui ne servent plus. Attention toutefois de supprimer uniquement les éléments d'ouverture dont vous êtes certain qu'ils sont inutiles et dont l'absence ne posera pas de problème.

1. Ouvrez les **Préférences Système**.
2. Cliquez **Utilisateurs et groupes**.
3. Cliquez sur l'icône **Cadenas** puis saisissez votre mot de passe.
4. Cliquez sur **Ouverture**.
5. Cliquez sur l'élément à supprimer, puis cliquez sur le signe moins (-) au bas de la liste.

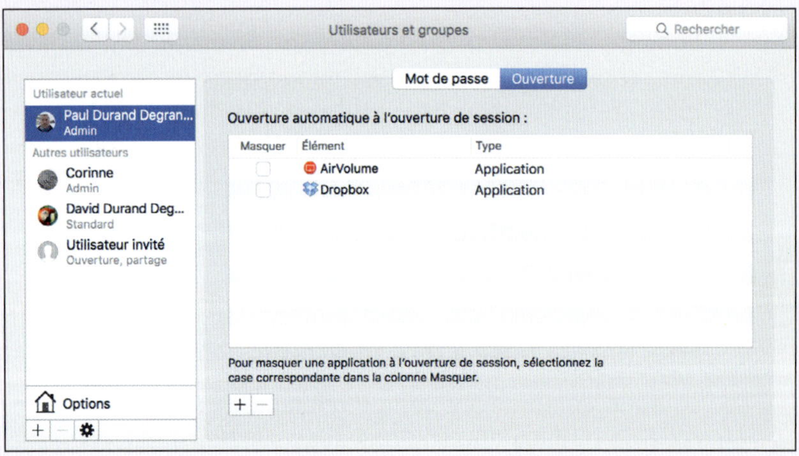

Y a pas plus clair !

Élément d'ouverture

Lorsque vous démarrez votre Mac, de nombreuses tâches s'exécutent en arrière-plan afin de configurer l'ordinateur. L'une de ces tâches consiste à vérifier les éléments qui doivent démarrer automatiquement lorsque vous ouvrez votre session d'utilisateur. Ces éléments sont généralement des applications, mais il peut aussi s'agir de fichiers, de dossiers et d'emplacement réseau partagés.

Utilisez Time Machine

Les Mac sont des ordinateurs fiables, mais ils peuvent tout de même tomber en panne et tous les disques durs peuvent rendre l'âme. Pour éviter de perdre à jamais des données, vous devez configurer la fonction Time Machine d'OS X pour effectuer des sauvegardes régulières. Pour utiliser Time Machine, vous devez posséder un second disque dur, le plus simple consiste à acheter un disque externe qui se connecte à l'aide d'un câble USB.

Y a pas plus pratique !

Configurez Time Machine

1. Connecter un disque externe, lorsque votre Mac reconnaît le disque dur externe, il ajoute une icône sur le Bureau.

2. Votre Mac vous demande si vous souhaitez utiliser ce disque dur comme disque de sauvegarde. Cliquez **Utilisez comme disque de sauvegarde.**

3 Les Préférences de Time Machine s'affichent. Vous pouvez fermer la fenêtre **Préférences Système.**

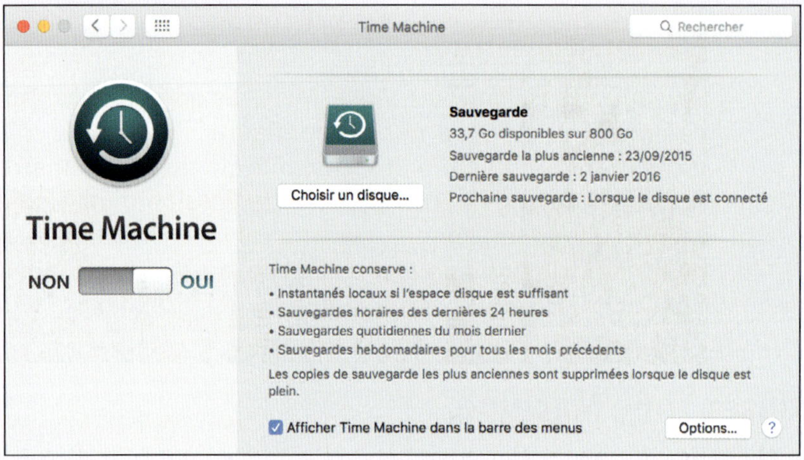

Y a pas plus pratique !

Restaurez des fichiers à l'aide de Time Machine

Parce que Time Machine effectue des sauvegardes horaires, quotidiennes et hebdomadaires, il stocke d'anciennes versions de vos données. Vous pouvez vous servir de ces sauvegardes pour restaurer n'importe quel fichier que vous avez accidentellement supprimé, écrasé ou modifié.

1 Ouvrez le Finder et affichez le dossier contenant le fichier à restaurer. Vous pouvez aussi restaurer la totalité d'un dossier.

2 Cliquez **Time Machine** dans le Dock, afin d'afficher l'interface de Time Machine. Chaque fenêtre représente une version sauvegardée du dossier. Vous utilisez la chronologie pour naviguer entre les différentes sauvegardes.

3 Naviguez jusqu'à la date contenant la version de la sauvegarde du dossier ou du fichier. Si vous restaurez un fichier, cliquez-le.

4 Cliquez **Restaurer**.

5 Si une autre version du dossier ou du fichier existe déjà, Time Machine vous demande si vous souhaitez la conserver ou la remplacer. Cliquez sur l'option de votre choix. Time Machine restaure le dossier ou le fichier.

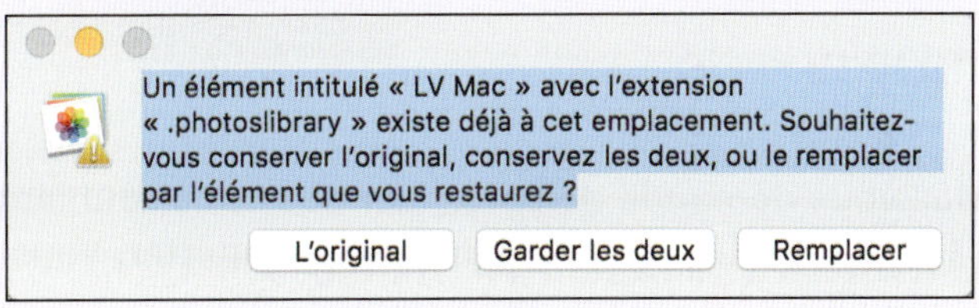

Y a pas plus pratique !

Forcez la fermeture d'une application bloquée

Lorsque vous travaillez, il arrive qu'une application ne réponde plus et qu'il ne soit alors pas possible de la fermer normalement.

Dans ce cas, vous pouvez demander à votre Mac de forcer la fermeture de l'application. Lorsque vous forcez la fermeture d'une application, vous perdez tout le travail qui n'a pas été enregistré dans les documents ouverts. Assurez-vous que l'application est réellement bloquée avant d'en forcer la fermeture.

1. Cliquez **Pomme → Forcer à quitter**.
2. Dans la fenêtre Forcer des applications à quitter, cliquez sur l'application que vous voulez fermer.
3. Cliquez sur **Forcer à quitter**.

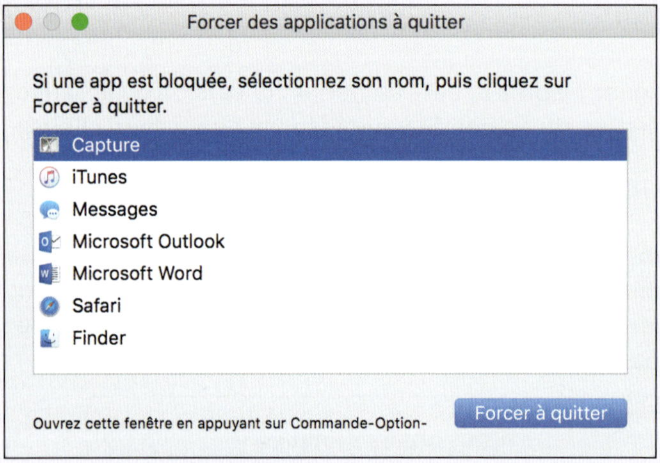

4. Votre Mac vous demande de confirmer que vous souhaitez forcer l'application à quitter. Cliquez sur **Forcer à quitter**. Vous pouvez fermer la fenêtre Forcer des applications à quitter.

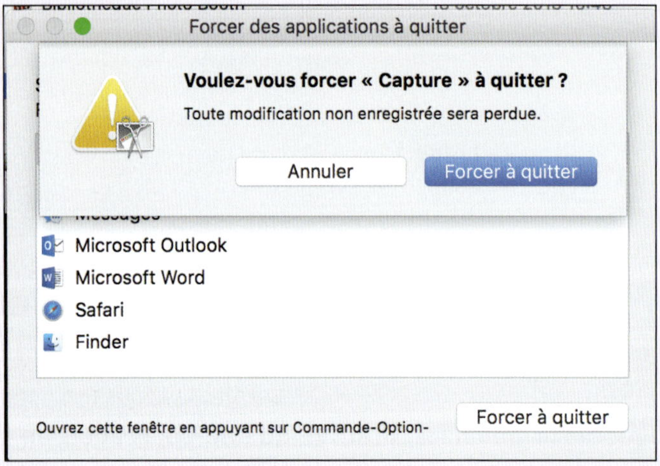

Index

A

AAC, 197
accessoires, 21
adresse Web, 76
  saisir, 79
album, 172
  intelligent, 174
antispam, 114
appareil photo numérique
  connecter, 160
Apple Music, 203
Apple Store, 24
application
  désinstaller, 220
  forcer la fermeture, 227
Applications, 74
App Store, 19
arrêter le Mac, 30

B

bibliothèque d'événements, 184
  fusionner, 184
  scinder, 184
Bing, 79
Bureau
  découvrir, 34
  organiser, 220

C

Calendrier, 144
  créer un calendrier, 144
  créer un événement, 147
  groupe de calendriers, 146
  imprimer, 150
  modifier un calendrier, 147
  modifier un événement, 148
  supprimer un événement, 150
Caméscope, importer la vidéo, 183
carnet d'adresses, 98
CD audio, importer, 198
centre de notification, 144
clavier
  majuscules accentuées, 45
  touches de fonction, 44
  utiliser, 43
clic-droit, 42
clic secondaire, 42
cliquer, 41
cliquer-glisser, 41
compte de messagerie, configurer, 99
compte d'utilisateur, 213
contact, ajouter, 151
Contacts, 98, 151
courriel, répondre, 116
courrier indésirable, filtre, 114
Cover Flow, 50
Ctrl-clic, 42

D

démarrer le Mac, 29
dernière importation, 162
désinstaller une application, 220
disque dur externe, 21
Dock, 52
  découvrir, 35
  icône, ajouter, 216
  icône, supprimer, 217
  personnaliser, 215
double-cliquer, 41
DuckDuckGo, 79
DVD vidéo, 180

E

économie d'énergie, 211
économiseur d'écran, 210
effets sonores, 191
éléments d'ouverture, 224
enregistrer un fichier, 56
erreur 404, 81
événement
  créer, 147
  modifier, 148
  supprimer, 150

F

FaceTime
  contact, appeler, 139
  identifiant Apple, 138
favoris, 167
fichier
  enregistrer, 56
  format, 58
  version précédente, 58
Finder, 47, 74

G

glisser-déposer, 41
Google, 78, 82
Google Mail, 103

H

hameçonnage, 116

I

iCloud, 103
iMac, 16
IMAP, 100
iMessage, envoyer, 136
iMovie
  ajouter un titre, 189
  démarquer, 186
  effets sonores, 191
  événement, 184
  favori, 186
  film, créer, 187
  filtrer, 187
  fusionner des événements, 184
  iTunes, partage, 194
  lecture, 189
  modifier un titre, 191
  partage, 194
  présentation, 182
  rejeté, 186
  scinder des événements, 184
  sélectionner, 185
  transition, 192
  YouTube, 194
importer des photos, 160
imprimante, 19
imprimer
  Calendrier, 150
  photo, 175
iTunes
  CD audio, importer, 198
  configurer, 196
  démarrer, 196
  écouter un CD, 196
  iMovie, 194
  importation, réglages, 197
  liste de lecture, 200
  Store, 200
iTunes Match, 203
iTunes Store, 200
  acheter, 202
  compte, créer, 200
  rechercher, 201

L

LaunchPad, 53, 74
lecteur de CD/DVD, 21
lien, 84
  repérer, 85
Lieux, 170
liste de lecture, 200
  Safari, 91
logiciel, acheter, 18

M

Mac
- arrêter, 30
- démarrer, 29
- mettre en veille, 31

MacBook, 17
MacBook Air, 18
MacBook Pro, 18
Mac mini, 16
Mac Pro, 17
Mail, 98
- afficher une pièce jointe sous forme d'icône, 111
- ajouter un compte, 99
- Cc, 107
- Cci, 107
- configurer un compte de messagerie, 99
- Corbeille, vider, 113
- courrier indésirable, filtre, 114
- découvrir la fenêtre, 98
- démarrer, 98
- enregistrer une pièce jointe, 111
- gérer les comptes de messagerie, 102
- hameçonnage, 116
- joindre un fichier, 119
- lire le courrier, 109
- message, envoyer, 104
- nouveau message, 104
- pièce jointe, 110
- redirigrer un message, 118
- relever automatiquement le courrier, 108
- relever le courrier, 107
- relever manuellement le courrier, 107
- répondre au courrier,, 116
- supprimer message, 112
- transférer un message, 117
- virus, 115

majuscules accentuées, 45
menu
- contextuel, 40
- fonctionnement, 37
- utiliser, 38

message, envoyer, 104
messagerie. *Voir* Mail
Messages
- ajouter un compte, 125
- ajouter un contact, 129
- configurer un compte, 123
- conversation audio ou vidéo, 135
- conversation texte, 132
- démarrer, 122
- état, changer, 127
- gérer les contacts, 129
- groupe de contacts, 131
- iMessage, 136
- photo, changer, 135
- répondre à un appel, 141
- répondre, 134
- supprimer un contact, 130

mise à jour automatique, 222
mise en veille, 211
moteur de recherche
- afficher, 82
- changer, 79
- Google, 82

mots-clés, 165
MP3, 197

N

navigateur. *Voir* Safari
navigation privée, 75
Notes, 154

O

onglet, Safari, 87
orienter une photo, 164

P

page d'accueil, changer, 94
Page précédente, 85
Page suivante, 85
phishing, 116
photo
- afficher, 162
- importer, 160
- orienter, 164
- supprimer, 165

Photo Booth, 177
Photos
- album, 172
- album intelligent, 174
- édition, mode, 174
- favoris, 167
- importer des photos, 160, 162
- mots-clés, 165
- supprimer une photo, 165

pièce jointe, 110
- enregistrer, 111

pointer, 41
POP, 100
Préférences, Comptes Internet, 103
Préférences Système
- afficher, 16, 206
- économie d'énergie, 211
- économiseur d'écran, 210

Q

QuickTime, 180

R

Rappels, 155
Réglages d'importation, 197
restaurer
- bibliothèque, 165
- Time Machine, 226

S

sacoche de transport, 21
Safari, 77
- Afficher la page précédente, 75
- Afficher la page suivante, 75
- afficher tous les onglets, 76
- afficher un signet, 93
- ajouter un dossier de signet, 93
- ajouter un signet, 91
- Barre d'adresses, 76
- barre latérale, 76
- configurer, 95
- démarrer, 74
- erreur, 81
- interface, 75
- manipuler les signets, 90
- moteur de recherche, changer, 79
- navigation privée, 75
- naviguer de page en page, 86
- nouvel onglet, 88
- onglet, 87
- onglet, parcourir, 89
- ouvrir une page dans une nouvelle fenêtre, 87
- page d'accueil, changer, 94
- page précédente, 85
- page suivante, 85
- partager, 76
- quitter, 74
- Signets, 76
- supprimer un signet, 93
- zone de recherche, 77

sauvergarde, Time Machine, 225
session, 31
signet
- afficher, 93
- ajouter, 91
- dossier, ajouter, 93
- gérer, 90
- supprimer, 93

Spotlight, 74
switchers, 16

T

taper, 41
Textedit, 60
Time Machine
  configurer, 225
  restaurer, 226
titre, 189
touche de fonction, 44
trackpad, 42
transition, 192

U

Uniform Resource Locator, 76
URL, 76
USB, caméscope, 183
utilisateur, compte, 213

V

veille, 31
virus, 115
Visages, 168
  ajouter un visage, 170
  nommer, 168

W

Web
  adresse, 76
  adresse, saisir, 79
  lien, repérer un, 85
  lien, suivre, 84
  naviguer de page en page, 86
  pages, rechercher, 77
webmail, 101

Y

Yahoo!, 79
Yahoo! Mail, 103
YouTube, 194

Notes

Notes

Notes

Notes

Notes

Notes